西南财经大学学术著作出版专项基金资助

组织公民行为理论与实践
——基于个体社会网络分析视角

Theory and practice of organizational citizenship behavior: based on social network analysis

张斌 著

西南财经大学出版社
Southwestern University of Finance & Economics Press

图书在版编目(CIP)数据

组织公民行为理论与实践——基于个体社会网络分析视角/张斌著.—成都：西南财经大学出版社,2013.4
ISBN 978-7-5504-1015-2

Ⅰ.①组… Ⅱ.①张… Ⅲ.①企业管理—人事管理—激励—研究—中国②企业管理—组织管理学—研究—中国 Ⅳ.①F279.23

中国版本图书馆 CIP 数据核字(2013)第 066319 号

组织公民行为理论与实践——基于个体社会网络分析视角
ZUZHI GONGMIN XINGWEI LILUN YU SHIJIAN
张　斌　著

责任编辑:王　利
封面设计:杨红鹰
责任印制:封俊川

出版发行	西南财经大学出版社(四川省成都市光华村街55号)
网　　址	http://www.bookcj.com
电子邮件	bookcj@foxmail.com
邮政编码	610074
电　　话	028-87353785　87352368
照　　排	四川胜翔数码印务设计有限公司
印　　刷	郫县犀浦印刷厂
成品尺寸	155mm×230mm
印　　张	13.5
字　　数	180 千字
版　　次	2013 年 4 月第 1 版
印　　次	2013 年 4 月第 1 次印刷
书　　号	ISBN 978-7-5504-1015-2
定　　价	38.00 元

1. 版权所有,翻印必究。
2. 如有印刷、装订等差错,可向本社营销部调换。

前　言

　　Bateman 和 Organ（1983）将组织公民行为定义为一种员工的随意行为，该行为在正式的奖励制度中没有直接或明显的规定，但能从整体上提高组织绩效，促进组织发展。组织公民行为有两个特征：一是组织公民行为是一种有利于促进组织绩效的员工个体行为，对组织的整体利益有积极意义；二是组织公民行为具有随意性和自发性，即组织公民行为必须是员工自觉自愿表现出来的行为，不是组织规定的，不在正式奖励制度赏罚的范围或者制度性要求之内，即使不实施，也不会受到组织惩罚。

　　组织公民行为已经成为组织员工行为研究的重要领域。随着现代组织的发展，复杂多变的环境、网络化的组织结构形式以及员工自我实现意识的增强，传统的程序化管理面临严峻的挑战。弹性的组织结构，营造员工自主发展、自我实现的环境成为组织发展的必然趋势。凯茨和砍（1978）就提出了"工作角色外行为"，通过 Organ 等人（1983）的研究，组织公民行为理论逐步为理论界和企业界所认识并得到重视，不仅为管理学以及人力资源管理理论做出贡献，也为新时期组织员工角色的塑造、激励员工在组织中积极主动发展等新时期员工管理提供了新范式。在我国，组织公民行为虽然在50多年前的组织中已经存在，并对我国当时的组织发展起过重要作用，但作为员工行为的理论研究还是近几年才出现的，而且基本上还处在介绍和解读西方的组织公民行为理论的层面上。

在组织公民行为的维度界定方面，研究者存在较大分歧。组织公民行为理论的发展至今也不过20年的历史，概念界定、维度分析以及理论体系的构造还不成熟，尤其是对其维度界定，理论界仍是众说纷纭，没有达成共识。Williams 和 Anderson（1991）将组织公民行为分为二维结构，即指向个体的组织公民行为和指向组织的组织公民行为两层次。前者是个体在人际互动的情景下自愿表现出来的助人、利他等直接或间接提升其他个体的工作有效性并最终对群体或组织有贡献的行为；后者则直接针对一个团体或组织整体作为行为的对象，如自觉维护组织形象、维护本部门或本组织的和谐相处、维护企业财产不受损坏及保持组织环境整洁等。这种二维度模型是最稳定的，并且是此后形成复杂模型的基础（Dennis&Organ，1997）。然而，仍有不少学者认为二维分类比较笼统和概括，在具体的内容分析尤其是实证分析中，还需在此基础上进行更详细的维度分解。因此，Podsakoff 等人（2000）对组织公民行为采用了七维分法，包括：运动员精神、组织忠诚、组织遵从、个人主动性、公民道德、助人行为和自我发展。而应用最为广泛的还是 Organ（1988）提出的五维结构模型，即利他行为、事先知会、运动员精神、责任意识和公民美德，后来的研究量表大多基于该模型设计。樊景立（1997、1998）通过对中国台湾企业和内地企业的研究，认为中国文化背景下的组织公民行为应该包括组织认同、敬业精神、利他行为、人际和睦、保护或节约公司资源五个维度。其中的差异在于西方有运动员精神和事先知会两个维度，樊景立则另行选择了保护资源和人际和睦两个维度。

对维度的分析构建中，组织公民行为前因变量的研究一直是研究的重点。Podsakoff（2000）总结指出，近20年组织公民行为的影响因素研究主要集中在员工个体特征、任务特征、领导行为和组织特征四个方面。学者们发现，员工个体满意感、组织认同和公平感等对组织公民行为有显著影响（Organ，1995；Podsakoff et al.，2000）。任务特征变量方面，包括绩效反馈、满意的工作任务等与组织公民行为有显著正相关关系，任务程序化和规则化则与组织公民行为呈显著负相关关系（朱瑜等，2003）。在领导行为方面，Podsakoff（2000）分析认为其对员工的组织公民行为影响最大，几乎所有的领导行为维度都与组织公民行为显著相关。学者认为组织特征与组织公民行为关系比较复杂，一般而言组织正规化、组织僵化性、主管—员工支持度、上下级之间的空间距离等变量与组织公民行为不存在显著相关关系。因此，领导交换理论一直都是分析和解读组织公民行为的理论基础，在本书的组织公民行为理论基础一章中将对此做介绍。

社会网络是由一个特定集合的行动者或称为节点、行动者之间的关系组成的关系网络，包括行动者、关系和联结三要素。组织内社会网络是企业员工之间根据自己的价值观、兴趣爱好相互联系而结成的组织内非正式的网络关系。

社会网络分析是社会学研究中的最新研究范式，以社会网络结构理论、弱关系理论和社会嵌入理论、结构洞理论、社会资本理论等为基础（罗家德，2004）。社会网络分析是一种关系论的思维方式，它告诉我们，我们生活的世界是一个关系的世界，我们与"他人"是不可分的，是"共存"的，我们的思想、行为生活不是独立的（刘军，2006）。员工之间相互交流也成为员工管理的重要内容。因此，本研究也将社会交换理论作为员工社会网络解释的理论基础之一加以分析。

社会网络分析在管理研究中的应用目前主要表现在创业研究、员工知识共享以及社会网络对组织绩效、组织公民行为的影响等方面。基于社会网络分析范式研究组织公民行为的文献近年来发展迅速。在西方研究中，有代表性的研究是美国学者Bowler（2002）从组织内员工社会关系角度研究了组织公民行为的影响因素，他将员工关系作为员工组织公民行为的前因变量，主要关注指向个体的组织公民行为，即人际组织公民行为。但 Bowler 的研究设计仅局限于北美文化环境，抽取了一家汽车制造企业为样本，其代表性有限。此后还有学者将组织中员工个体的社会网络作为组织公民行为的影响因素，并得到了验证（Setton et al.，2002）。国内学者如陈荣德（2007）和刘楼（2008）等人，主要分析了组织内社会网络特征及组织内部非正式组织对组织公民行为的影响。

目前国内外已有的组织公民行为、社会网络方面的研究积累了一定的文献知识，给本课题的研究提供了初步的理论与经验基础。在充分肯定这些成果的前提下，本课题以为以下几个方面应是需要进一步进行理论拓展与经验检验之处：①从已有的研究文献中可以看出，不管国外还是国内的研究，主要关注的仍然是个人特征、任务特征、目标特征和组织特征与组织公民行为的关系，忽略了作为"人"的行动者的社会关系特征因素影响，尤其在以"关系"为特征的社会环境中，公民行为影响的研究成果比较缺乏，更需要我们进一步追索。②纵观组织公民行为文献，尽管有西方学者 Podsakoff 等人（2000）的七维度模型、Organ 的五维度模型，以及国内研究者樊景立的五维度模型和张艳秋、陈荣德等人的组织公民行为维度修订模型，但随着中国市场经济体制改革的进一步深入、全球化步伐加快，企业员工组织公民行为的概念也必然要与时俱进，相应的，中国文化背景下组织公民行为的维度分析存在改进与创新的空间。③以组织内的社会网络为预测变量已经成为了西方研究的新趋势（武欣等，2008），而在我国仍然属于比较陌生的领域，用于企业组织内部的员工行为研究更是少见（刘楼，2008）。那么，中国企业组织内员工存在着怎样的社会网络，这些社会网络位置的衡量指标如何，它们又是如何影响员工的组织公民行为的？这些疑问亟待学者研究解释，为本课题留出了足够的研究空间。

中国企业对于组织公民行为的内容其实并不陌生。早在新中国成立初期的重工业优先发展战略下，国家所提倡的雷锋精神、主人翁意识以及发挥个体主观能动性等，都是对组织公民行为的中国式诠释，并在那个特殊的年代对充分调动员工积极性、增强企业的凝聚力起到了巨大的推动作用。随着时代变迁，在经济利益面前，一方面人们的思想观念发生了变化；另一方面，组织管理者未能充分认识员工组织公民行为的作用，甚至一度将其视为计划经济的产物和"大锅饭"的体现而抛弃，倾向于只重视物质的激励和正式契约的作用。然而，新经济时代下企业面临的内外部环境已发生了根本性的变化，在反应灵敏的扁平化网络型、矩阵式的组织结构中，团队成为组织内员工的主要工作与合作方式，员工需要更充分地与他人合作、沟通与交流。在竞争日益激烈、不确定性加剧的环境下，扁平化组织中员工的职责变得更加宽泛，更强调员工的主动性和自发性，员工的自发合作行为在企业中逐步成为一个重要的考量因素，成为了推动与促进企业增强竞争力的一股重要力量，围绕其展开的组织公民行为的研究也就相应地成为了学界的关注重点和研究热点。

对于今天的中国企业而言，经历了艰难曲折的复兴与强国历程，正致力于建设新兴的经济大国，更加重视人力资源中不可比拟的资源优势和增长潜力，激发和引导员工的组织公民行为。充分调动企业员工的工作主动性与创新性，既是企业不断提高市场竞争优势的战略选择，也是更加有效利用资源，提高企业运行效率的战术抉择。因此，本课题探索在中国文化背景下组织内员工个体社会网对组织公民行为的影响，旨在充分开发和利用企业的人力资源，探索通过有效地引导和促进员工的组织公民行为，进而提升企业整体竞争优势的管理机制。显然，本课题选题现实意义重大。

从心理学、社会学和管理学的多重视角，深化组织公民行为前因变量的研究。Podsakoff（2000）对已有研究进行归纳，认为组织公民行为影响因素有个体特征、工作人物特征、组织特征和领导行为四个方面，反映出个人和组织的属性特征明显。事实上，"人"是

"社会人"，其社会关系是社会性的重要体现，个体行为不仅源自个体本身因素的作用，个体行为和态度的选择还更多地受到社会关系因素的影响（Scott，2006）。在以"关系"为价值核心的中国，社会网络对个体行为和态度的影响应当被赋予更多的关注（黄光国，1989）。因此，认识和结合中国社会经济的时代背景与文化因素，本课题拟进一步探析中国企业中组织公民行为的影响因素，探索和验证受文化因素影响的组织内员工社会网络如何进一步影响员工的组织公民行为，进而推进社会网络理论和组织公民行为理论的深化。

任何一项研究归根结底都是要解决特定文化背景下的现实问题和本土化问题，对组织公民行为的研究也是如此。故对于组织公民行为概念的认识、维度分析及影响因素分析，都应结合中国文化特点，结合社会经济发展的时代特点给予新的认识和研究（樊景立，1998；郭晓薇，2004）。本课题将定义符合中国文化特征和时代背景的组织公民行为概念和维度，调整、拓展和构建测量量表，并力图在研究方法和技术手段方面有所创新，为中国特色的组织行为与员工行为研究提供概念模型和实证支持。因此，本研究具有较重要的理论意义。

从以上思考出发，本课题以社会网络结构理论、弱关系理论和社会嵌入理论、结构洞理论、社会资本理论为基础，研究中国组织员工个体社会网络与组织公民行为的关系。

社会网络结构理论的核心观点认为，人与人、组织与组织之间的纽带关系是一种客观存在的社会网络结构，它影响着人或组织的行为。网络结构观聚焦于社会主体的关系模式和行动属性，关注的是处于社会网络中的个体如何通过关系获取资源。弱关系理论和嵌入性理论认为弱关系在个体之间、群体、组织以及个体、群体和组织之间建立了纽带关系，充分肯定了弱关系在获取资源中的潜在作用，认为弱关系是人们进行资源共享的桥梁。嵌入理论的意义在于说明个体在社会生活中不是孤立的存在，个体处于社会网络之中，社会网络主体之间通过关系的嵌入传递着社会资源。结构洞理论对弱关系获取资源的桥梁作用做了进一步阐释，认为存在于组织社会网络中的个体之间存在直接关系、间接关系及个体之间没有直接联系三种形式。无直接联系或关系中断的现象，从组织的整体结构来看就好像网络结构中出现洞穴，没有直接联系的个体要想取得联系，必须经过第三方，因而成为结构洞，结构洞充当个体联系的桥梁作用。社会资本研究则主要围绕社会资本的概念认识而展开。社会资本指实际或潜在的资源集合体，其特性体现社会网络关系个体和网络规模。社会关系联结的个体关系交往能力越强、网络规模越大，个体的社会资本越高（布尔迪厄，1997）。

本课题对中国组织员工个体社会网络与组织公民行为的关系进行探索性研究。笔者拟从如下三方面展开研究工作：①社会网络可分为情感网络、咨询网络、情报网络和信任网络。克拉哈特（Krackhardt）等（1993）认为情感网络对个体的行为和态度影响最大，其次是咨询网络，情报网络对个体的行为和态度没有多大的影响。罗家德（2005）根据中国文化特点也认同情感网络和咨询网络可以概括中国企业组织内部员工之间社会网络关系，信任网络可以被归并到情感网络之中。因此，本研究选取情感网络中心性和咨询网络中心性两个指标测量员工个体社会网络位置，并主要从程度中心性和中介中心性两方面进行衡量。②本研究以中国现实为背景，选取积极主动、帮助同事、自觉学习、人际和谐四个维度来分析和衡量组织公民行为，包括了组织和个体两个层次。③员工社会网络中心性反映了员工对信息、资源控制的能力（Burt，1992）。根据社会资本理论，组织内的社会资本主要由具有网络中心位置的员工所控制，中心性越突出，社会资本的获得能力就越强，就越能得到自己需要的信息和资源（Lin Nan，2001）。本课题将推论并验证，具有网络中心性的员工也就可能更加珍视组织的发展，更多地维护组织的利益和形象，主动地帮助其他同事，为促进组织的发展献计献策，自觉地实施组织公民行为。

课题探讨中国文化背景下组织内员工个体社会网络与组织公民行为的相互关系，具体研究目标如下：①构建并验证组织内员工个体社会网与组织公民行为之间的逻辑模型和概念体系，探析在中国社会和文化背景下组织公民行为的影响因素。②以社会网络结构理论、弱关系理论和社会嵌入理论、结构洞理论、社会资本理论为基础，认识并从网络情感中心性和网络咨询中心性测量组织内员工个体社会网络，探索和验证其影响组织公民行为的作用路径，提炼并系统总结出能够更加有效地引导和促进组织公民行为的制度措施，从理论和操作层面为实现员工个人与组织发展的双赢提供有应用价值的研究成果。③采用规范研究和实证研究方法，从理论和实践层面分析与构建切合当前中国社会经济发展水平的组织公民行为维度模型，据此建立有较高拟合度的评价和指标体系。

现有研究探讨组织公民行为主要局限于个体属性方面，多从个性特征、目标特征、组织特征等方面考虑对组织公民行为的影响。本研究拟利用社会网络分析的范式，尝试从新的视角切入，厘清组织内员工个体所处社会网络的情感中心性与咨询中心性对组织公民行为的影响机理与作用机制，这是一个极具开拓性的工作，具有较大的难度。组织公民行为的构成维度选择以及建立评价体系是本课题需要解决的关键难题。本研究拟从组织公民行为的最初定义出发（Organ，1997），结合樊景立（1998）的分析，探讨和比较在不同社会条件下组织公民行为的构成维度。在国外业已成熟的组织公民行为研究量表的基础上，调整、拓展并构建符合中国文化特征的量表，使本研究既能满足研究对象的情景限制，又能为后续研究在实证分析方面奠定基础。

目 录

1 导论 / 1
   1.1 研究的意义 / 1
   1.2 研究的主要内容 / 5
   1.3 研究的思路 / 11
   1.4 研究中的创新 / 12
   1.5 本书的结构安排 / 14

2 社会网络与组织公民行为理论 / 16
   2.1 社会交换理论 / 16
   2.2 动机理论 / 21
   2.3 印象管理理论 / 29
   2.4 心理契约理论 / 31
   2.5 社会网络理论 / 33
   2.6 社会网络分析的应用及相关理论 / 60
   2.7 组织公民行为理论 / 71
   2.8 社会网络对组织公民行为的影响 / 90
   2.9 文献总结与评述 / 105

3 理论模型与研究假设 / 108

    3.1 构念维度分析 / 108

    3.2 研究模型设计 / 116

    3.3 研究假设 / 118

4 问卷设计及研究方法 / 124

    4.1 研究方法 / 124

    4.2 问卷的效度和信度分析 / 130

    4.3 构念量表设计 / 135

5 数据整理及分析 / 140

    5.1 数据初步整理 / 140

    5.2 描述性统计分析 / 145

    5.3 AMOS 混合模型评价 / 157

6 结论与讨论 / 164

    6.1 主要研究结论 / 164

    6.2 本研究的主要贡献 / 168

    6.3 对管理者的启示 / 172

    6.4 研究的不足和研究展望 / 175

参考文献 / 178

附录 / 199

后记 / 204

1 导论

1.1 研究的意义

1.1.1 现实意义

美国 1971 年出版的《工业工程手册》介绍，在 20 世纪 70 年代以前，有 83% 的企业应用泰勒开创的科学管理的理念和方法，"强调劳动分工，要员工严格遵守企业规定的职责、纪律和制约"（俞文钊，1989：29）。这时候，员工的工作职责被规定在一个相对狭窄的范围之内，企业竞争力的大小主要取决于企业的生产规模。在这种背景下，员工行为的内容和职责主要由企业明确规定，至于超越企业规定的行为，企业是不允许的。因此，从管理理论诞生的那一刻起，员工的每一个动作都被"机械化"，管理者负责执行计划和控制过程，工人或者其他员工必须照此操作，使得员工的行为（动作）与机器的运行完全匹配，保证了大批量生产的需要。至于员工个人的积极性、主动性，并不在组织管理中考虑。

20 世纪 70 年代以后，随着世界市场经济的发展、信息技术的突飞猛进和全球化进程的加快，企业面临一个快速变化的环境，企业环境的不确定性增加，使得企业之间的竞争越加复杂和剧烈。"新经济时代企业面临的内部环境和外部环境都已发生了根本性的转变，企业管理从管理思想到管理结构都发生了巨大变化，企业的管理方式、生产方式，以及由此促进的企业管理思想和管理结构都发生了革命性的变革"①，从而也导致组织管理的转变：一方面，科学管理思想主导下的企业刻板的层级组织，阻碍了企业对环境做出及时准确的反应，企业逐步放弃金字塔式的层级官僚结构，向更加适应信息时代的扁平化的"网络型"、"矩阵型"的组织结构转变；另一方面，组织中的员工职责变得宽泛起来，团队成为组织内员工的主要工作与合作方式，员工需要更充分地与他人合作、沟通与交流。在竞争激烈和高不确定的环境下，在扁平化组织中，对员工的职责要求变得更加宽泛和自由。现代的组织更加强调员工的主动性、自发性和创造性，员工的自发合作行为成为促进组织发展的一个重要变量，以自发合作为特征的行为在企业组织理论研究中成为了重要的领域，组织公民行为越来越得到学界和研究者的重视。而围绕员工的自发合作行为展开的组织公民行为的研究也就成为推动和促进企业增强竞争力的一股重要力量。

其实，中国企业对于组织公民行为的内容并不陌生。早在新中国成立初期的重工业优先发展战略背景下，国家所提倡的雷锋精神、铁人王进喜精神，旨在发挥员工主人翁意识以及主观能动性，这些都是对组织公民行为的中国式诠释。这些精神在一个时期对我国企业能够充分调动员工积极性和创造性、增强企业的凝聚力起到了巨大的推动作用，促进了企业的发展。随着市场经济的发展和企业竞争的加剧，在经济利益面前一方面人们的思想观念发生了变化，认为讲奉献、讲积极性主动性已是过时的东西；另一方面，组织管理者也未必能充分认识员工组织公民行为的作用，甚至一度将其视为计划经济的产物和"大锅饭"的体现而抛弃，倾向于只重视物质的

---

① 彼德·德鲁克. 管理新现实 [M]. 黄志典, 译. 北京: 东方出版社, 2009: 3.

激励和正式契约的作用。

随着我国市场经济的发展，企业更加重视人力资源中不可代替的资源优势和增长潜力，激发和引导员工的组织公民行为，充分调动企业员工的工作主动性与创新性。这既是企业不断提高市场竞争优势的战略选择，也可以更加有效地利用资源，是提高企业运行效率的战术抉择。本研究拟基于员工社会网络分析，对中国文化背景下的组织公民行为前因变量进行探索，旨在推动我国企业自身管理水平尤其是人力资源管理水平的提升，推动我国人力资源管理的发展。

1.1.2 理论意义

本研究的理论意义在于：

第一，体现为对组织公民行为在理论概念上的本土化研究。任何一项研究归根结底都是要解决特定文化背景下的问题，从而指导实际工作。对组织公民行为的研究也是如此。对于组织公民行为概念的认识、维度分析及影响因素分析，都应结合中国文化特点，结合社会经济发展的时代特点，给予新的认识和研究。组织公民行为在西方已经成为理论界研究的重要内容，同时也成为组织中员工管理的重要组成部分。但在我国的研究，尤其是系统分析本土化的组织公民行为理论体系还比较缺乏。本研究将在梳理东西方研究成果的基础上，总结符合中国文化特征和时代背景的组织公民行为概念和维度，调整、拓展和构建测量量表。在方法上，本研究主要采用访谈法和调查问卷法，并力图在研究方法和技术手段方面有所创新，为中国特色的组织行为与员工行为研究提供概念模型和实证支持。因此，本研究对概念上的本土化探索，推动了组织公民行为概念拓展，具有重要的理论意义。

第二，本研究系统地采用社会网络分析的范式对员工组织公民行为进行分析，在理论上也是一种突破。从社会网络分析视角对员工行为的研究在西方取得了一定进展，在中国才刚刚起步，尤其在组织公民行为的研究中，在我国企业员工行为研究中还不多见。在以"关系"为特征的中国社会里，探讨网络关系对个体行为的影响，意义重大。在以"关系"为价值核心的中国文化中，个人的社会网络关系对个体行为的影响应当被赋予更多的关注（黄光国，1988）。Podsakoff（2000）对已有研究进行归纳，认为组织公民行为影响因素有个体特征、工作人物特征、组织特征和领导行为四个方面，反映出个人和组织的属性特征。事实上，"人"是"社会人"，其社会关系是社会性的重要体现，个体行为不仅源自个体本身因素的作用，个体行为的选择还更多地受到社会关系因素的影响，在以"关系"为基本构成单位的社会，网络影响甚至决定着员工的行为（Scott，2006）。因此，认识和结合中国社会经济的时代背景与文化因素，本研究拟进一步探析中国企业中组织公民行为的影响因素。通过探索和验证受文化因素影响的员工社会网络如何影响员工的组织公民行为，进一步推进社会网络理论和组织公民行为理论的发展。

第三，对本土化的社会网络分析的理论探索。中国社会是以"关系"为特征的，这已经在中西方研究中得到共识。尤其在中国，对于中华文化的本质探讨，都对关系特征有着不容置疑的共识。但是，当科学研究的范式更加丰富，研究由传统意义上的定性研究向定量实证研究转变中，需要对社会网络理论中的相关概念构念化，需要对社会网络中的相关特征进行具体维度分析。本研究在基于西方社会网络分析，并借鉴国内部分研究成果（事实上，国内在这一方面很缺乏，同时研究也发展缓慢）的基础上，探索社会网络分析的构念和维度，力争在理论上有所突破。

1.2 研究的主要内容

本研究的核心内容是组织内员工个体的社会网络对组织公民行为影响的路径。围绕这一核心问题，本研究主要从以下三个方面进行分析：①社会网络及其相关概念，社会网络分析的相关理论及在行为管理中的应用；②中国文化视角下的组织公民行为理论基础及其概念和维度分析；③社会网络、组织公民行为构念测量及其结构方程模型分析。

1.2.1 社会网络分析的相关概念

第一，社会网络分析的相关概念即维度分析。由于社会网络的分析方法在我国还很缺乏研究，对社会网络的理论还比较陌生，因此，一方面，本研究对西方社会网络理论做了比较系统的分析和介绍，尤其是对于基于个体层次的社会网络和基于组织层次的社会网络进行了详细的分析，并进一步分析了本土化的社会网络分析理论和方法。在本研究中，由于研究的对象是员工，因此，对于个体层次的社会网络，本研究采用了程度中心性和中介中心性两个指标，同时根据中国文化特点，把员工个体社会网络分为情感网络和咨询网络两类。因此，本研究在建模中，将情感网络程度中心性、情感网络中介中心性、咨询网络程度中心性和咨询网络中介中心性作为前因变量，分析对员工个体组织公民行为的影响。这一思路目前在国内还是比较少见的，还属于探索性的实证分析，需要进一步检验。尽管如此，我仍然认为，在我国社会文化中，对员工行为的研究，基于社会网络的实证分析是必然的理论方向。

第二，非正式组织理论分析。任何组织内部都存在正式组织和非正式组织。正式组织是由组织正式明文规定的，体现了组织内部的员工之间的分工和组织内的权力结构关系，具有强制性和与生产技术的相关性。与正式组织相对应的非正式组织不是由组织明文正式规定的员工之间的关系，而是由员工自愿形成的社会关系。员工自愿形成的关系是满足员工社会性需要而产生的非正式关系，具有个体自主性和松散性。在非正式组织中产生的关系是员工社会网络关系，具有社会网络的本质特征。因此，分析组织内部的非正式组织社会网络可以用社会网络分析的方法。员工社会网络是组织内部非正式组织本质特征的体现（刘楼，2008）。没有非正式组织就没有组织内员工的社会网络。本研究关注的是组织内员工的社会网络，是由员工自发组织形成的非正式组织关系。

20世纪30年代，梅奥在著名的霍桑实验中发现了存在于正式组织中的非正式组织，并第一次提出了非正式组织的概念。梅奥指出，非正式组织是相对于正式组织的一种结构关系，是非正式的形式。员工自愿形成的社会网络是非正式组织的本质特征体现，可以通过网络分析对非正式组织进行解剖和认识。因此，对于非正式组织和组织内社会网络两个概念，有学者将其视为同一概念使用（刘楼，2008）。"事实上，非正式组织不是由正式组织特殊规定的员工个人的社会网络"（John D. Standy，1956）。两者的主要区别是：非正式组织是相对于正式组织而言的，社会网络是相对于组织内员工在非正式组织内部的特征而言的。因此非正式组织和组织内社会网络是同一个问题的两个方面，是描述组织内员工自发社会关系这一问题的不同角度而已。因此，在本研究中，同样采用刘楼等人的观点，在讨论组织内非正式组织和社会网络的形成以及对员工行为的影响时，将非正式组织和组织内社会网络看成同一概念。

第三，社会网络分析这一新的范式在行为管理中的应用。著名的社会网络学家弗里曼（Linton C. Freeman，2008）曾经指出，社会网络分析范式基于一个直觉性的概念，即行动者嵌入在其中的社会关系模式对于他们的行动结果有着重要的影响。这一论断为本研究提供了理论上的可能性,并为将社会网络分析应用到员工行为研究当中提供了理论指导。目前在我国,社会网络分析的研究范式在员工行为研究领域的应用还不广泛。因此,本研究在应用这一范式时,需要首先明确这一范式的内容和特点。社会网络分析可以分为组织层次的社会网络分析和个体层次的社会网络分析(William & Anderson, 1991)。层次不同,所用的分析方法也有所不同,运用的测量指标也有差异。个体层次的社会网络分析的指标主要用网络中心性(中心度)来分析。基于组织层次的社会网络分析测量指标主要有网络密度、中心势等。本研究重点讨论个体层次的社会网络分析,涉及员工层次的社会网络的分析以及相关理论。因此,运用社会网络中心性这一重要指标衡量员工个体社会网络位置,计算个体在社会网络中的位置。罗家德(2005)认为,员工社会网络中心性包括程度中心性、中介中心性和接近中心性三种,程度中心性又分为相对程度中心性和绝对程度中心性。[1] 绝对程度中心性不能进行网络之间的比较,可以描述同一网络个体位置的不同。接近程度中心性在计算个体中心性时一般用程度中介中心性取代。因此本研究采用相对程度中心性和中介中心性测量组织内员工在社会网络中的位置。这一概念将在后面的章节中做详细的介绍。整体社会网络从整体的视角对社会网络进行考察,不能分析员工的社会联结,只能分析网络结构对员工的影响。本研究关注的是员工个体的行为,关注员工在个体中心网中的位置状况。

因此,本研究将员工在社会网络的中心性作为组织公民行为的前因变量。员工在网络中的中心性不同,则员工在网络中的位置不同,员工的行为表现也不同。由此可以看出,本研究的实质是考察员工在社会网络中的不同位置如何影响其行为的选择,从而员工的组织公民行为就会有所不同。从社会关系的内容来看,组织内员工

---

[1] 罗家德. 社会网络分析讲义 [M]. 北京:社会科学文献出版社,2005.

之间的网络关系以情感网络和咨询网络最普遍（Krackhardt，1995；罗家德，2005），所以本研究用情感网络中心性和咨询网络中心性两个维度来描述员工社会网络中心性的位置。结合前面对中心性的分析，本研究将用咨询网络程度中心性、咨询网络中介中心性、情感网络程度中心性和情感网络中介中心性四个变量来反映员工个体社会网络的位置。

社会网络分析作为新的研究范式，为我们研究个体行为开阔了视野，提供了新的思路。这是因为：第一，中国社会是以"关系"为特征的社会，社会关系对人们的行为的选择受到社会关系的影响的特点显得更加突出；第二，以前我们所用的分析方法都是属性数据（Attribute Data）的处理方法，即变量分析的方法（Variable Analysis）。属性数据要求样本个体都是相互独立的，对于以相互联系的个体或者个体之间的联结的处理就不能用属性数据的处理方法，只能借助于关系数据（Relational Data）处理方法，即社会网络分析（Network Analysis）方法。斯科特（Scott，2005）关系数据的处理方法为我们认识个体行为提供了更加科学的思路和工具，尤其是对"关系"进行计量和实证性的分析为这一应用研究开辟了广阔的天地。[①] 本研究首先运用社会网络分析方法分析员工在组织内部社会网络中的位置，并得到相应的数据，然后再结合调查得到组织公民行为的数据，运用结构方程模型对所得到的数据结合进行拟合检验。

1.2.2 组织公民行为的概念及维度分析

组织公民行为概念本土化研究是本研究的重要内容之一。员工的组织公民行为在西方研究中已经成为独立的研究领域，在其概念和维度分析上已经有比较成熟的结论。组织公民行为虽然在中国的企业里早已存在，并对中国企业的发展起到了推动作用，但在理论

---

① 斯科特. 社会网络分析法 [M]. 刘军，译. 重庆：重庆大学出版社，2007.

研究层面，中国的相关研究才刚刚起步，尤其是结合中国文化背景和社会经济发展的时代特征的分析还很不够。本研究在梳理中外研究文献的基础上，对组织公民行为概念及维度进行本土化的分析和构建，并采用实证方法进行量表的设计，力图填补我国在这一方面研究的不足。

目前，对于组织公民行为的概念及维度分析还有分歧。理论界对于哪些属于组织规定内的行为、哪些属于超角色行为有不同的认识，不同文化背景下的员工对其的认识也不一致。Morrison（1994）在一项实证研究中发现，组织公民行为的许多内容与员工自己认为的工作角色内行为有重合。樊景立（1997）指出，员工对组织公民行为的认识在不同的文化背景下有所不同，这在许多跨文化实证研究中已有论证。也有研究认为，管理人员评价员工绩效时，往往把员工的组织公民行为也作为考核的一个标准，同样影响员工的晋升、培训、奖金分配等管理决策（Podsakoff et al.，2000）。这与Organ等人（1983）对组织公民行为的概念解释不一致。基于此，Organ（1988）指出，将员工行为分为角色内行为和超角色行为即组织公民行为只是为了简化问题，两者之间并无绝对的界限，组织公民行为只是较少得到正式奖励系统奖励的超角色行为。因而，Organ（1997）对组织公民行为概念进行反思后指出，员工角色"内"、"外"行为的内涵是动态的，是在不断变化的，"角色外"、"不为正式奖惩制度奖励"等的概念界定不是很恰当。但是，组织公民行为与任务绩效之间存在明显的区别，把员工的行为区分为角色内行为和角色外行为，不仅在员工行为理论研究中有特别的意义，在激励员工行为的具体实践中也有重大意义。Weer（2000）和Organ（1988）进一步明确了组织公民行为的定义，认为组织公民行为是员工自愿的个体行为，组织内的正式奖励机制并没有正式地或直接地规定这种行为，但这种行为在整合后可以促进企业发展，在整体上提高组织绩效。本研究中也沿用这一定义。

随着中国市场经济30多年的发展，尤其是近10多年的飞速发展，企业的竞争环境更加开放，更加国际化，中国的经济发展进一步融入世界。这一发展带来的不仅是市场秩序及各项制度逐步规范、物质财富的增加以及社会服务的日益完善，更给人们带来了思想观念上的巨大变化，对我国企业的管理思想产生了深远的影响，对企业员工组织公民行为中的内容产生重要的影响。研究认为，在我国市场经济发展的今天，组织公民行为维度可以概括为积极主动、帮助同事、人际和谐和自我发展四个方面，它们最能体现当前我国员工组织公民行为特征。对此，本研究将在后面的论述中做进一步阐述。

1.2.3 量表的开发

目前对于组织公民行为的量表在国外已经比较成熟，但在国内还需要进一步开发。正像前面提到的，组织公民行为是一个具有时代特征的概念，其本身受不同国家和地区的文化背景和社会经济发展的影响。另外，国内在本领域研究中最著名的樊景立先生对组织公民行为的本土化研究具有里程碑的意义。樊景立先生在1998年对上海、杭州地区的企业进行了广泛的调查，并通过因素分析的方法得到了在当时社会背景下的组织公民行为概念。在此后的多年里，尽管也有对组织公民行为概念及维度的部分修订，但所得结果并不系统。但是，近10多年市场经济体制的改革给中国带来了翻天覆地的变化，这种变化不仅表现在经济结构、物质财富方面，更主要表现在人们的思想观念上，人们的市场竞争意识已然与10多年前大相径庭。由于历史文化的变迁以及时代特征的变化，很有必要对组织公民行为量表重新进行系统的分析和思考。本研究在行为量表设计时，仍然采用最为普遍的问卷调查法，对于组织公民行为的测量，主要以樊景立教授（1998）的量表（Version1.0）为基础，同时参考西方问卷设计相关理念，通过测试修改，最后构建起基本具有本土化特征的组织公民行为量表。

社会网络的数据调查与组织公民行为问卷不仅内容不同,更主要的是形式上的要求也不同。社会网络调查的是关系数据,即调查的对象尽管是个体,但要了解的不是个体本身,而是个体与个体之间的关系。在这一点上与属性数据在调查中有所不同。具体方法将在后面做以详细介绍。

社会网络分析的方法总体来讲有两种方法:个体中心社会网络分析方法和整体社会网络分析方法。由于视角不同,研究的目的不同,所用的方法也不同。两种方法所用的指标是不一样的。整体网络方法侧重于研究网络结构,个体网络侧重于研究个体的网络位置。在本研究中,采用的是个体网络分析的方法。个体中心社会网络分析主要测量个体在社会网络中的位置,本研究用程度中心性和中介中心性两个指标进行测量。

相对程度中心性的算法是将调查获得的样本关系数据除以该样本所在的网络最大关系数得到。其中样本关系数据可以通过抽样调查的方法获得,样本所在的组织的最大关系数,可以通过问卷调查同时获得,也可以通过在调查中对样本的相关人员调查获得(如样本的上司等)。中介中心性的计算是将调查得到的咨询网络和情感网络两个矩阵最后的矩阵结果输入软件中计算,计算的结果将是组织公民行为前因变量的检验数据。

1.3 研究的思路

本研究属于规范性的实证研究。根据本书的研究内容,确定研究的思路,并构建研究框架。本研究以中国企业员工为研究对象,分析社会网络对组织公民行为影响问题,首先对两个主要概念即组织内员工个体社会网络、组织公民行为进行理论性的诠释,提出符合实证研究的理论构念；其次解释两者之间的影响路径，提出理论假设，然后通过对企业员工的观察、访谈和问卷调查，获得相关的**关系数据和属性数据**；再次通过数据统计分析，构建结构模型，进一步验证假设并得出实证性的结论和观点；最后分析计算结果，指出未来研究的方向。见图 1-1。

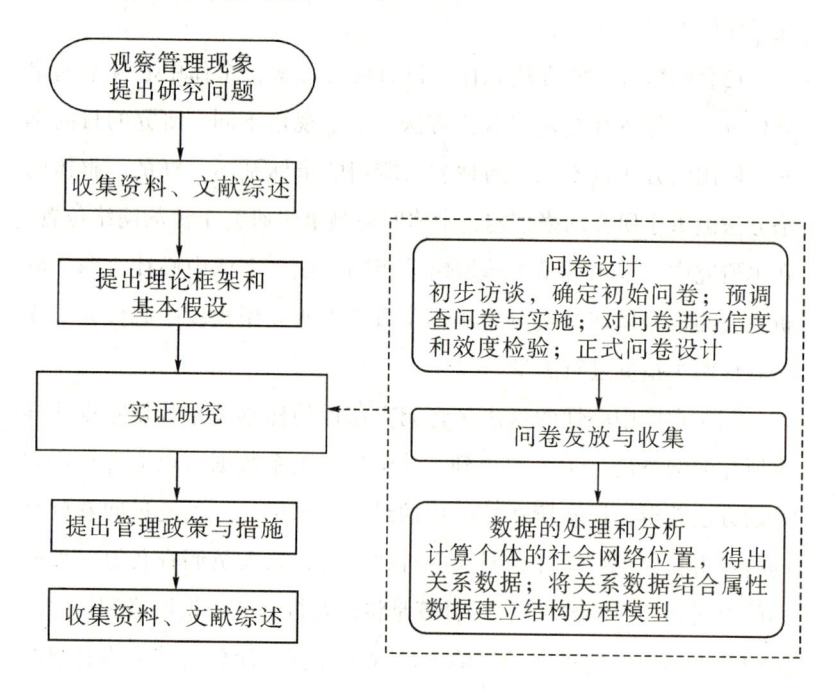

图 1-1　研究方案与思路

1.4　研究中的创新

其一，视角的创新。将社会网络分析范式运用到我国企业员工行为管理研究当中本身就是一种创新。本书系统地采用社会网络分析的范式对员工行为进行分析，在理论应用上是一种突破。社会网络分析在理论应用上的突破有两层含义：一方面，本研究试图将社会网络分析范式系统地应用于组织内员工的社会网络分析，并对其对于组织公民行为的影响进行分析。社会网络分析作为新的研究范式，在我国企业员工行为研究中虽然越来越得到重视，但应用还比较少。本书试图结合国内外研究的成果，进行探索性研究，以起到抛砖引玉的作用。另一层含义是实证方法上的创新。本书将关系数据和属性数据综合考虑，利用结构方程模型拟合检验。本研究运用目前利用得比较多的社会网络处理软件——UCINET6.2软件计算个体的社会网络位置，然后分析所得的关系数据结果结合属性数据的结果，最后利用结构方程模型方法进行数据的检验分析。本研究试图将社会网络分析范式系统地应用到组织内员工的社会网络分析中，并对组织公民行为影响因素进行分析，努力推动员工行为分析理论的发展。

其二，对组织公民行为在理论概念上进行了本土化研究。任何一项研究，归根结底都是要解决特定文化背景下的现实问题和本土问题，对组织公民行为的研究也是如此。从以往的文献中可以看出，对组织公民行为的概念已经有了一个比较清晰地认识。但由于中西方文化的不同，时代也不同了，中国近十多年来经济的快速发展的现实，给整个社会带来了深远的影响。这种影响不仅体现为社会财富的增加、基础设施的改善，更主要的是对人们的思想观念影响深刻，故对于组织公民行为概念的认识、维度分析及影响因素分析，对中国企业员工组织公民行为的相关理论研究必然需要进一步拓展，都应结合中国文化特点，结合社会经济发展的时代特点给予新的认识和研究。由此，本研究结合以往的研究成果，以中西方学者对组织公民行为维度分析为基础，立足于中国文化特点和经济发展的现状，提出了组织公民行为四维度模型——自我发展、帮助同事、人际和谐和积极主动四维度概念模型。这些本土化探索，促进了组织公民行为概念的拓展。

其三，在社会网络分析的应用中，首次引入中介中心性指标，并构建结构方程，成为理论创新的重要内容之一。目前国内对组织员工社会网络的分析中，刘楼（2008）只采用相对程度中心性这一变量，并且采用整体的观点来取得调查数据。罗家德（2005）认为，中介中心性对个体行为的影响不可忽视。因此，本书将相对程度中心性和中介中心性两个测量个体在社会网络中心性的指标同时纳入分析的过程。同时，在调查时采用随机抽样的方式，使得样本更具代表性，也有利于本研究更加顺利地进行。因此，本书对于员工个体层次的社会网络分析不仅在指标上有所突破，也在具体的研究方法应用上进行了创新性探索。

其四，进一步发展了组织公民行为概念维度。有西方学者如Podsakoff等人（2000）七维度模型、Organ（1988）的五维度模型，以及国内研究的樊景立（1998）五维度模型，对组织公民行为的维度有了比较清晰而充分的认识。本研究结合以往的研究成果，以中西方学者的组织公民行为维度分析为基础，立足于中国文化特点和经济发展的现状，提出组织公民行为四维度模型——自我发展、帮助同事、人际和谐和积极主动四维度概念模型。

1.5 本书的结构安排

总体来讲，本研究总体思路是围绕核心问题展开的。本研究核心问题是社会网络如何对员工个体组织公民行为产生影响，影响的路径如何，以及在每一路径上影响的程度如何。由此问题展开，对社会网络、组织内部员工个体的社会网络、组织公民行为的概念和维度以及本土化的组织公民行为概念和维度进行了比较系统全面的分析，最后提出了本研究的自变量和因变量的维度，同时，利用结构方程模型进行了验证。

具体分析，本书的结构按照总体思路安排。在第一章，对研究问题的背景和意义进行描述，说明重视研究组织公民行为影响的社会网络视角分析是我国经济环境变化以及文化特征决定的。由此，本研究所涉及的问题除核心问题之外，还包括社会网络概念及维度分析、组织公民行为概念及维度分析、社会网络对组织公民行为影响研究的现状等。在第二章，主要包括三个方面的内容：第一方面，社会网络和组织公民行为的理论基础，包括社会交换理论、动机理论、印象管理理论和心理契约理论；第二方面，社会网络理论和组织公民行为理论的内容，尤其是其本土化的概念及维度分析是本章的重要内容；第三方面，也是本研究的核心问题——社会网络对组织公民行为的影响研究，分析了社会网络方法论原则和影响研究的现状，以及本研究所要解决的问题：社会网络分析应该从哪几个维度进行分析，这几个维度是如何影响组织公民行为的，并由此建立结构方程模型进行分析。第三章和第四章都是属于实证研究的规范性结构：确立构念及维度、变量的界定，建立模型前的控制因素，最后在文献梳理的基础上提出理论假设。在第四章的变量数据获得中，对个体社会网络中心性这一变量的数据调查进行了重要说明。因为社会网络的数据属于关系数据，不同于属性数据，具有关系数据的特性，因此在问卷设计、调查方式以及存储方式上都不同于属性数据，在此做了强调。第五章主要进行数据分析和模型验证，本研究采用结构方程模型，利用 Amos 软件进行分析。第六章是对检验结果进行全面分析。

　　最后，根据前面分析的结果，本研究提出自己的意见和建议。提出在现代组织中如何调动员工的组织公民行为，如何保护和引导组织中的非正式组织，如何引导员工之间的网络关系，正确引导和影响员工的组织公民行为，从而为组织的发展做出贡献。

2 社会网络与组织公民行为理论

2.1 社会交换理论

社会交换理论是20世纪60年代兴起于美国进而在全球范围内广泛传播的一种社会学理论。由于它对人类行为中的心理因素的强调,也被称为行为主义社会心理学。这一理论主张人类的一切行为都受到某种能够带来奖励和报酬的交换活动的支配,因此,人类一切活动都可以归结为一种交换,人们在交换中所结成的社会关系也是一种交换关系。组织中员工与上级之间、员工与员工之间都存在着一种交换关系,交换关系影响甚至决定员工的行为选择。社会交换理论由霍曼斯创立,布劳等人发展了这一理论。霍曼斯的主要观点是:

第一,人的行动与动物有着相似的地方,他要遵循报酬原则。也就是说,如果个体的某个行动越是经常得到报酬和奖励,那么他就越有可能经常有类似的行动。因此,个人行动的频率往往取决于得到报酬和奖励的频率以及获得报酬与奖励的方式。

第二,在过去的某个时间里,如果某一特定的刺激或者一组刺激的出现会给某人的行动带来某种报酬或奖励,那么现在的刺激与过去的刺激越相似,个体就越有可能进行类似的行动,行动的结果与其对未来的预期有关。

第三，如果某种行动所产生的结果对一个人来说越有价值，那么他就越有可能采取同样的行动。如果某种行动产生的结果使得此人受到惩罚，那么他就有可能采取措施避免类似行动的发生。因此，在正常的人际交往过程中，人们常常会遵循趋利避害原则，总要花费一些时间去选择能够获得较高报酬、奖励即有价值的社会交往行动。当然，霍曼斯所讲的价值不仅仅指经济价值，也包含了社会价值乃至伦理道德价值因素在内。

第四，行动者获得的报酬和奖励遵循经济学上的边际效用递减规律。这就是说，一个人越是经常地得到某种报酬，那么随着报酬的增加，此人获得此报酬的满足感和价值感就会减少。满足是指一个人在刚刚过去的时间里得到的报酬使他不再马上需要更多的酬赏。也就是说，如果一个人时常得到报酬，起初他会有非常满足的感觉，但此后这种报酬经常重复出现，其价值就会降低。

第五，对未来预期结果实现的对比。包括两层含义：其一，当某人的行动没有得到他期望的报酬或者他得到了料想不到的惩罚时，他将被激怒并有可能采取攻击性行为，而这种行为可以发泄他的不满情绪，因而对他来说有价值。其二，当某人的行动获得了他所期望的报酬，特别是报酬比预期的还要大时，或者他的错误行动没有受到预想中的惩罚时，他都会非常高兴，继续做得到报酬的行动或者避免错误行为的再度发生。

第六，人能够从各种利益中选择最大的利益，以最小的代价实现自身的最大需要。霍曼斯继承了斯密的观点，即个人利益最大化的交换往往是通过市场交易来实现的，运用市场这只"看不见的手"就会实现个人选择的最优组合，从而实现个人选择与社会选择的有机结合，使整个社会富裕起来。霍曼斯认为，一个人在选择采取何种行动时，不仅会考虑价值的大小，还会考虑行动成功的可能性。也就是说，人们在进行选择时总会选择那些随着获利可能性增大其总价值也能够增大的行为,包括初民社会中礼物的交换也是交换者理性选择的结果。霍曼斯指出,个体行动与否,取决于成功率与价值这两个因素,如果报酬的价值大但成功率小,就会降低采取这种行为的可能性;相反,价值小但成功率大,就会增强采取这种行为的可能性。用数学公式表示就是:行动发生的可能性=价值×(成功的)概率。霍曼斯认为人是有理性的动物,他们采取什么样的行动取决于方程式右面数值的大小。这一命题充分说明了在人际交往中,人们的根本目的在于获得最高酬赏和利润。霍曼斯坚信,他的六个命题不仅可以解释动物和个人的行动,而且也可以解释整个人类的行动,社会行动只不过是理性的行动者借助于市场这只"看不见的手"进行无数次博弈最终达到"纳什均衡"而已。

霍曼斯认为,行动者进行社会行动时之所以会遵循上述原理,就在于人是一个理性的人,人的行动首先是一个理性行动,于是在吸收斯密关于"经济人"假设观点基础上他提出了自己的命题。

霍曼斯有效地运用了经济学、人类学、社会学以及心理学等概念和理论展开人际交往研究,从经济理性出发揭示了人际交往、社会交换的最终目的是为了交换的双方各自获得最大利益,特别是提出了交换的经济性、社会性、目的性以及主体性,这为解释人类社会普遍存在的社会交换行为提供了成功的理论范式。霍曼斯所讲的报酬或奖励已经远远超越了传统经济学的范围,正确地指出了这种趋利避害还包括社会的、情感的以及价值的"利"与"害",即包括义务、声望、权力、友情等方面,从而大大拓宽了早期理性选择理论假设所包含的那种单一的经济理性假设,将经济理性、社会理性和价值理性有机地结合在一起,这对于促进经济社会学理性选择的发展起到了极其重要的作用。

霍曼斯的理论非常重视人的需要和情感在人际交往与社会交换中的地位和作用,重视理性人的选择,指明了理性与非理性在人际交往中的作用,并以此为出发点,试图探讨整个人类社会的存在机制。这种将微观互动与宏观整合相结合的尝试也为心理学、社会学研究开辟了新的道路。事实上，霍曼斯的交换理论不仅为后来的布劳所继承，而且也为理性选择理论的集大成者科尔曼所吸收。

布劳接受了行为主义心理学家霍曼斯关于社会交换的基本心理原则。他认为虽然大部分人类行为是以对于社会交换的考虑为指导的，但并不是所有的人类行为都受到交换考虑的指导，社会交换只是人类行为的一部分。他提出了使行为变为交换行为所必须具备的两个条件：一是该行为的最终目标只有通过与他人互动才能达到；二是该行为必须采取有助于实现这些目的的手段。布劳把社会交换界定为"当别人做出报答性反应就发生、当别人不再做出报答性反应就停止的行动"。他认为社会交换是个体之间的关系与群体之间的关系、权力分化与伙伴群体关系、对抗力量之间的冲突与合作、社区成员之间间接的联系与亲密依恋关系等的基础。社会的微观结构起源于个体期待社会报酬而发生的交换。个体之所以相互交往，是因为他们都从相互交往中通过交换得到了某些他们需要的东西。

在讨论社会交换的形式之前，他又区分了两种社会报酬：内在性报酬和外在性报酬。"内在性报酬，即从社会交往关系本身中取得的报酬，如乐趣、社会赞同、爱、感激等；外在性报酬，即在社会交往关系之外取得的报酬，如金钱、商品、邀请、帮助、服从等。"他把社会交换分为三种形式：①内在性报酬的社会交换。参加这种交换的行动者把交往过程本身作为目的。②外在性报酬的社会交换。这种交换的行动者把交往过程看成实现更远目标的手段。外在性报酬对一个人合理选择伙伴提供了客观的独立的标准。③混合性的社会交换。这种交换既具有内在报酬性，也具有外在报酬性。接着，他讨论了影响社会交换过程的条件。布劳列举了三种类型：第一，交换发展时期与交换伙伴间关系的特点和性质；第二，社会报酬的性质和提供它们时付出的成本；第三，发生交换的社会背景。

人际间的社会交换开始于社会吸引。他指出，社会吸引是指与别人交往的倾向性,是不管出于任何原因去接近另一个人。如果一个人期望与别人的交往带来报酬,那么不论这些报酬是内在的还是外在的,他们都会受到能提供这些报酬的人的吸引。布劳认为,社会吸引过程导致社会交换过程。互相提供报酬将维持人们之间的相互吸引与继续交往。

但是,并不是所有的社会交换都是对等的,以相互吸引、平等交换为基础的。人际关系既可以是交互的,也可以是单方面的。假设有甲、乙两个人,乙给甲提供某种东西,但是甲却没有相应的东西来回报乙。这时,甲就有四种选择:①强迫乙再给他提供某种东西;②从另一个来源获得乙所能给的东西;③寻找没有乙给予的这种东西也能过下去的方法;④服从乙,按照乙的意愿行事,以此回报乙。如果甲做出了第四种选择,那么乙对甲就拥有了权力。

布劳指出,"一个人对其他人的权力依赖于向他们提供的服务。这并不意味着某些人的高级权力在道义上受到了辩护或由他们所提供的服务作出了说明。权力方面的巨大差别在没有服务方面的相应差别的情况下发生。根据社会条件,服务的供应者可能得到一份对他们的投入的不公平的回报或一份过量的回报。充分的权力使个体能够垄断资源并继续向其他人提供某些利益",因而使其他人为这些利益而依赖于他们的权力,不能被看成是因提供服务而应得的报酬,或一种为产生它们所必需的诱因。权力的这种自我永存的成分在整个社会的阶级结构中要比小群体的地位分化中更加明显。不考虑这种因素是严重缺少社会分层的功能观念。

2.2 动机理论

2.2.1 需要层次理论

2.2.1.1 需要层次理论的基本内容

亚伯拉罕·马斯洛（Abraham Harold Maslow，1908—1970）在1943年发表的《人类动机理论》（A Theory of Human Motivation Psychological Review）一书中提出了需要层次论。马斯洛认为人要生存，他的需要能够影响他的行为。只有未满足的需要能够影响行为，满足了的需要不能充当激励工具。人的需要按重要性和层次性排成一定的次序，从基本的（如食物和住房）到复杂的（如自我实现）。当人的某一级的需要得到最低限度满足后，才会追求高一级的需要，如此逐级上升，成为推动继续努力的内在动力。人类价值体系存在两类不同的需要，一类是沿生物谱系上升方向逐渐变弱的本能或冲动，称为低级需要和生理需要；一类是随生物进化而逐渐显现的潜能或需要，称为高级需要。

低层次的需要基本得到满足以后，它的激励作用就会降低，其优势地位将不再保持下去，高层次的需要会取代它而成为推动行为的主要原因。有的需要一经满足，便不能成为激发人们行为的起因，于是被其他需要取而代之。高层次的需要比低层次的需要具有更大的价值。热情是由高层次的需要激发的。人的最高需要即自我实现就是以最有效和最完整的方式表现他自己的潜力，如此才能使人得到高峰体验。人的五种基本需要在一般人身上往往是无意识的。对于个体来说，无意识的动机比有意识的动机更重要。对于有丰富经验的人来说，通过适当的技巧，可以把无意识的需要转变为有意识的需要。

2.2.1.2 需要的层次

马斯洛理论把需要分成生理需要、安全需要、社会需要、尊重需要和自我实现需要五类，依次由较低层次到较高层次（如图2-1所示）。

图2-1 需要的层次

（1）生理上的需要。这是人类维持自身生存的最基本要求，包括饥、渴、衣、住、性等方面的要求。如果这些需要得不到满足，人类的生存就成了问题。在这个意义上说，生理需要是推动人们行动的最强大的动力。马斯洛认为，只有这些最基本的需要满足到维持生存所必需的程度后，其他的需要才能成为新的激励因素。而到了此时，这些已相对满足的需要也就不再成为激励因素了。

（2）安全上的需要。这是人类要求保障自身安全、摆脱事业和丧失财产威胁、避免职业病的侵袭、接受严酷的监督等方面的需要。马斯洛认为，整个有机体是一个追求安全的机制，人的感受器官、效应器官、智能和其他能量主要是寻求安全的工具，甚至可以把科学和人生观都看成是满足安全需要的一部分。当然，这种需要一旦得到相对满足，也就不再成为激励因素了。

（3）社会（感情上的）需要。这一层次的需要包括两个方面的内容。一是友爱的需要，即人人都需要伙伴之间、同事之间的关系融洽或保持友谊和忠诚；人人都希望得到爱情，希望爱别人，也渴望得到别人的爱。二是归属的需要，即人都有一种归属于一个群体的感情，希望成为群体中的一员，并相互关心和照顾。感情上的需要比生理上的需要来得细致，它和一个人的生理特性、经历、教育、宗教信仰都有关系。

（4）尊重的需要。人人都希望自己有高超而稳定的社会地位，要求个人的能力和成就得到社会的承认。尊重的需要又可分为内部尊重和外部尊重。内部尊重是指一个人希望在各种不同情境中有实力、能胜任、充满信心、能独立自主。总之，内部尊重就是人的自尊。外部尊重是指一个人希望有地位、有威信，受到别人的尊重、信赖和高度评价。马斯洛认为，尊重需要得到满足，能使人对自己充满信心，对社会满腔热情，体验到自己活着的用处和价值。

（5）自我实现的需要。这是最高层次的需要，它是指实现个人理想、抱负，发挥个人的能力到最大限度，完成与自己的能力相称的一切事情的需要。也就是说，人必须干称职的工作，这样才会使他们感到最大的快乐。马斯洛提出，为满足自我实现需要所采取的途径是因人而异的。自我实现的需要是努力实现自己的潜力，使自己越来越成为自己所期望的人物。

2.2.1.3 马斯洛需要层次理论的基本观点

（1）五种需要像阶梯一样从低到高，按层次逐级递升，但这样的次序不是完全固定的，可以变化，也有种种例外情况。

（2）一般来说，某一层次的需要相对满足了，就会向高一层次发展，追求更高一层次的需要就成为驱使行为的动力。相应的，获得基本满足的需要就不再是一股激励力量。

（3）五种需要可以分为高低两级，其中生理上的需要、安全上的需要和感情上的需要都属于低一级的需要，这些需要通过外部条件就可以满足；而尊重的需要和自我实现的需要是高级需要，它们是通过内部因素才能满足的，而且一个人对于尊重和自我实现的需要是无止境的。同一时期，一个人可能有几种需要，但每一时期总有一种需要占支配地位，对行为起决定作用。任何一种需要都不会因为更高层次需要的发展而消失。各层次的需要相互依赖和重叠，高层次的需要发展后，低层次的需要仍然存在，只是对行为的影响程度大大减小罢了。

（4）马斯洛和其他的行为科学家都认为，一个国家多数人的需要层次结构，是同这个国家的经济发展水平、科技发展水平、文化和人民受教育的程度直接相关的。在不发达国家，生理需要和安全需要占主导的人数比例较大，而高级需要占主导的人数比例较小；而在发达国家，则刚好相反。在同一国家的不同时期，人们的需要层次会随着生产水平的变化而变化。戴维斯（K. Davis）曾就美国的情况做过估计，如下表2-1：

表2-1　　　　　　　　美国的需要变迁

需要种类	1935年百分比	1995年百分比
生理需要	35%	5%
安全需要	45%	15%
感情需要	10%	24%
尊重需要	7%	30%
自我实现需要	3%	26%

2.2.1.4 需要层次理论评价

关于马斯洛理论的价值，目前国内外尚有各种不同的说法。我们认为，绝对肯定或绝对否定都是不恰当的，因为这个理论既有其积极因素，也有其消极因素。

（1）马斯洛理论的积极因素：

第一，马斯洛提出人的需要有一个从低级向高级发展的过程，这在某种程度上是符合人类需要发展的一般规律的。一个人从出生到成年，其需要的发展过程，基本上是按照马斯洛提出的需要层次进行的。当然，关于自我实现是否能作为每个人的最高需要，目前尚有争议。但他提出的需要是由低级向高级发展的趋势是无可置疑的。

第二，马斯洛的需要层次理论指出了人在每一个时期，都有一种需要占主导地位，而其他需要处于从属地位。这一点对于管理工作具有启发意义。

第三，马斯洛需要层次论的基础是他的人本主义心理学。他认为人的内在力量不同于动物的本能，人要求内在价值和内在潜能的实现乃是人的本性，人的行为是受意识支配的，人的行为是有目的性和创造性的。

（2）马斯洛理论的消极因素：

第一，马斯洛过分地强调了遗传在人的发展中的作用，认为人的价值就是一种先天的潜能，而人的自我实现就是这种先天潜能的自然成熟过程，社会的影响反而束缚了一个人的自我实现。这种观点，过分强调了遗传的影响，忽视了社会生活条件对先天潜能的制约作用。

第二，马斯洛的需要层次理论带有一定的机械主义色彩。一方面，他提出了人类需要发展的一般趋势；另一方面，他又在一定程度上，把这种需要层次看成是固定的程序，看成是一种机械的上升运动，忽视了人的主观能动性，忽视了通过思想教育可以改变需要层次的主次关系的可能性。

2.2.2 领导—成员交换理论

领导—成员交换理论（Leader - Member Exchange，简称 LMX 理论）是由葛伦（又译：乔治·格里奥）（George Graeo）和 Uhl - Bien（乌宾）在 1976 年首先提出的。他们在 VDL 模型（Vertical Dyad Link Model，垂直二元体模型）的研究过程中，通过纯理论的推导，得到了这样一个结论：领导者对待下属的方式是有差别的；组织成员关系的集合中往往会包括一小部分高质量的交换关系（圈内成员之间），和大部分低质量的交换关系（圈外成员与圈内成员之间）。

这也从一个方面解释了员工为什么在工作中的积极性会不同。有些员工始终能够保持高昂的斗志，责任心很强，而且在任何环境下都会维护组织或者组织领导的形象，有些员工却积极性不高，牢骚满腹，不思进取。

领导—成员交换理论指出，由于时间压力，领导者与下属中的少部分人建立了特殊关系。这些个体成为圈内人士，他们受到信任，得到领导更多的关照，也更可能享有特权；而其他下属则成为圈外人士，他们占用领导的时间较少，获得满意的奖励的机会也较少，他们的领导—成员关系是在正式的权力系统基础上形成的。

该理论指出，当领导者与某一下属进行相互作用的初期，领导者就暗自将其划入圈内或圈外，并且这种关系是相对稳固不变的。领导者到底如何将某人划入圈内或圈外尚不清楚，但有证据表明领导者倾向于将具有下面这些特点的人员选入圈内：个人特点（如年龄、性别、态度）与领导者相似，有能力，具有外向的个性特点。LMX 理论预测，圈内地位的下属得到的绩效评估等级更高，离职率更低，对主管更满意。LMX 理论的三个构面：①贡献：在双方关系中，个体所知觉到彼此投注于与工作有关系的活动的量、质和方向。②忠诚：在双方关系中，对另一方的目标与个人特长所表现的公开支持。③情感：在双方关系中，基于人际吸引（而非工作或专业价值）对另一方所产生的情感。

葛伦的 LMX 理论提出了领导者和下属之间可能存在的三种关系，这些关系包括：

（1）领导者和单个下属之间的关系（一种二维向量关系，领导者在一对一基础上对待单个下属，这与多维关系有所不同）。

（2）领导者和一个下属群体之间的关系（一种均衡领导方式，领导者以同等方式对待组织中的每个下属）。

（3）领导者和两个有区别的下属群体之间的关系（领导者对待不同群体的人态度不同，对待同一群体的人则态度相同）。

一直以来，大部分对领导—成员交换研究的重点都集中于领导和下属之间个人对个人的关系以及这种关系的后果。

LMX 理论认为，领导—成员交换关系的形成是一个伴随着时间的演变而发展变化的过程。Bauer & Green（1996）主要从分析单一领导与成员"二元体"中的交换关系模式着手，认为某一领导—成员"垂直二元体"交换关系的形成与发展过程要经历三个阶段，分别是接触、评价阶段，认识、行动阶段和感情、信任阶段。

在接触、评价阶段，领导与成员之间由于对对方的信息知晓较少，从而使得双方的人口特征和个体相似性对关系起初的发展产生极大的影响。

随着时间的推移、接触的增多，领导对成员的评价和考核就不再仅仅依赖成见和"晕轮"了（Dienesch & Liden，1986）。

成员绩效的高低取决于其个人能力和可觉察到的资源及权力的获得程度，而权力往往是领导授权的结果。但对于领导者而言，授权本身就意味着承担风险，因此领导者必须首先信任他的下级，才会采取行动（Lewis & Weigert，1985）。

在认识、行动阶段，早期绩效水平较高、能力强的成员容易获得更多的信任，并赢得超过别人的授权。继续不断取得高绩效的成员，将会获得进一步的信任，从而在下个工作流程中得到更多的授权（Dienesch & Liden，1986）。

这样，领导与成员之间通过持续的感情积累、不断的绩效评价和授权，在感情、信任阶段就会建立起高质量的交换关系（Bauer & Green，1996）。相反，在不断的交换中，无法获得感情支持和信任授权的成员，领导只能与其产生低质量的交换关系。

Bauer & Green（1996）的研究认为，领导—成员交换关系的形成与发展要经历四个阶段：第一阶段，领导与不同成员之间发展了不同的关系，形成"圈内"与"圈外"之分。第二阶段，领导与成员在实际的团队工作中，各自采取行动改进交换关系，"圈内"成员试图保住"位置","圈外"成员试图进入"圈内"。在双方努力的过程中,工作绩效与团队绩效也随之发生改进。第三阶段,领导与成员共同构建基于感情与信任的工作生活情景。第四阶段,领导—成员的"二元"关系升华至团队层面,发展为团队—成员交换(TMX,Team-Member Exchange)关系。

　　LMX关系的形成是一个纵向发展过程,目前的研究大部分还只停留在第一、二阶段,而后两个阶段虽然反映出LMX发展的时代特征,但目前尚缺乏相应的理论与实证研究。从组织中上下级关系的发展过程着眼,对不同交换阶段LMX关系的结构特点以及相应的领导模式的探索,将是今后这一领域研究的一个重要趋势,特别是在团队结构、网络结构为基础的组织中,LMX的特征又会发生哪些变化,它又是如何影响团队或组织的绩效等问题尚有待重点探索。在复杂的组织背景中,从团队管理的思路去理解LMX关系,将上下级之间的成对关系拓展为组织中的网络性人际关系,这也是LMX理论内涵的有效扩展。当LMX发展成为TMX时,它的研究对象就超越原来组织中成对的上下级关系而扩展为个体与团队及组织的一种彼此互动交换的关系。这一趋势与当今组织结构趋向扁平化和日益强调员工自我管理的组织管理新特点相适应。

　　LMX还有助于建立组织内良好的信息沟通网络,达到改善组织气氛的目的,调动成员积极为组织发展发挥其作用。越来越多的组织将内部沟通视为组织管理的一个战略性工具,对其进行广泛的运用。LMX理论在组织中应用的一个重要功能是能促进上下级之间的有效沟通,而且更加强调的是一种互动式的交流。互动式沟通可将理、事、情三者融合于一体,赋予信息更大程度的平易性和平等性,表现出近距离、反馈快和更及时的特点,能使上下级都获取更丰富、更全面、更生动的信息,有利于对问题的全面思考和研究,同时也有助于树立领导者的亲和形象。有效的沟通又可在更高层次上促进LMX关系的改善。

2.3 印象管理理论

印象管理（Impression Management）是指一个人通过一定的方式影响别人形成对自己有利的印象的过程。它是自我调节的一个重要方面，也包括了与他人的社会互动，是自我认知观点的核心和人类的一种基本动机：不论个体在组织内部还是在组织外部，都渴望被别人积极看待，避免被别人消极看待。试图使别人积极看待自己的努力叫获得性印象管理；而尽可能弱化自己的不足或避免使别人消极地看待自己的防御性措施是保护性印象管理。也就是说，每个人都自觉地调控自己的仪表、体态、言谈等方面，以希望得到别人乃至社会的认可、赞同，并期望能够控制社会交往的结果。

印象管理是社会互动的一个根本方面。每种社会情境或人际背景都有一种合适的社会行为模式，这种行为模式表达了一种特别适合该情境的同一性，人们在交往中总是力求创造最适合自己的情境同一性。

理解他人对自己的知觉与认知，并以此为依据创造出积极的有利于我们的形象，将有助于我们成功地与人交往。

印象管理的过程通常包括两个阶段，一是形成印象管理的动机，二是进行印象建构。印象管理的动机是指人们想操纵和控制自己在他人心目中的印象的意愿程度。个体印象管理的动机水平将取决于以下三方面的因素：

（1）印象与个人目标的相关性。越是与个人目标关系密切的印象，个体进行印象管理的动机就越强烈。通常，在组织中，个体的工作能力与工作方式形象与个体的目标关系密切，

（2）这些目标的价值。越是有价值的目标，个体进行印象管理的动机就越强烈。例如，提升对个体来说，是非常有价值的目标，

而上级和同事对自己工作能力与工作方式的印象，则直接影响个体的提升，因此，个体会非常在意使上级和同事形成有关自己工作能力与工作方式的好印象。

(3) 一个人期望留给他人的印象与他认为自己已经留给他人的印象之间的差异。这种差异越大，个体的印象管理的动机就越强。例如，某人希望上级赏识自己的能力、下级认可自己的工作方式。当认为上级过去已形成有关自己能力的不良印象，或者下级已形成有关自己工作方式的不良印象时，个体改变这种印象、对自我印象进行管理的愿望就会更强烈。

在组织中，人们最常使用的印象管理的策略主要有两种：

(1) 降级防御策略：当个体试图使自己为某消极事件承担最小责任或想摆脱麻烦时，就可以使用这种策略。这类策略包括：

①解释：试图做出解释或为自己的行为辩护。例如，自己身体不适，或感觉不好，或者有其他更重要的事情要做，因而影响了这件任务的完成等。

②道歉：当找不到合理的解释时，就为这一消极事件向老板道歉。这样的道歉不仅可以让人感到他的确有悔恨之意，而且，也会让人觉得这样的事情以后不会再发生了。例如，确实是上班迟到了，或者的确没有按时完成任务，这时如果先解释原因，往往会引起对方的反感，而如果能先表示歉意，再做出适当的解释，就更容易让人接受，而不至于影响自我的形象。

③置身事外：当个体与进展不顺利的某事不直接相关时，他们可以私下告知上司自己与某事无直接关系。使用这种方法，常常能使自己少受不好的事情的牵连。例如，当小组工作进展不顺利时，如果自己与这件事关系不大，就可以私下告诉老板，自己曾经反对这一计划，但被否决了。

(2) 促进提升策略：当个体试图使自己对某一积极结果的责任最大化，或者想让自己看起来比实际更出色时，会使用这类策略。

这类策略有：

①争取名分：当人们认为自己应该为所做出的积极成果得到应有的认可时，通常会采用这种策略。如通过正式的渠道让人了解自己的贡献，或者通过非正式的渠道告诉关键人物自己所取得的成果。

②宣扬：当个体已受到赞扬，但还想让别人了解自己比原先所认为的做得更多、影响更大时，常常会采用这种策略。例如，自己在小组工作上的改革，不仅使小组现在的业绩提高了，而且还将使小组的竞争力增强。

③揭示困难：让人们了解自己尽管存在个人或组织方面的困难与障碍，但还是取得了积极的成果，这样就会使人对自己有更好的评价。例如，告诉别人，今年的成绩是在克服"非典"干扰的情况下取得的，别人会更加高估今年所取得的成绩。

④联合：确保在适当的时间被看见与适当的人在一起，以让人们了解自己与成功项目的密切关系。例如，当上级来视察时，组长总是与组员在一起讨论问题。这常常会使上级觉得，小组所取得的成绩与组长关系密切。

2.4 心理契约理论

对于心理契约理论的认识，可以从一个方面认识员工能够在组织中自觉自愿地积极地为组织做一些"好事"的原因。这个原因就是，员工对组织领导者有一个心理上的预期，为了达到这个心理上的预期，员工在工作中积极主动，从而表现出更多的组织公民行为。下面就心理契约理论的基本内容做一综述。

Algylis 首先运用心理契约的概念和术语。他用"心理的工作契约"（Psychological Work Contract）来描述一个工厂中雇员和工头之间的关系，但是 Algylis 仅仅提出了这样的概念却没有给它以确切的定义。施恩（Schein）将心理契约定义为时刻存在于组织成员之间的一系列未书面化的期望，并将心理契约分为个体层次和组织层次的两个层面。

施恩对心理契约概念的阐述为后来进一步的研究奠定了基础，为进一步深化研究提供了前期支撑。美国心理学家罗素（Rousseau，1998）等人认为心理契约是个体在雇佣关系背景下对雇佣双方相互义务的一种理解和信念，并进一步指出，这种信念指的是雇员对组织诱因（报酬、晋升和工作保障等）之间交换关系的承诺的理解和感知，这种信念是建立在对承诺的主观理解的基础上的，但并不一定被组织或者其代理人意识到。英国学者格斯特（Guest）等人强调遵循心理契约提出时的原意，将其认为是雇佣双方对交换关系中彼此义务的理解。

由此可以看出，对心理契约存在广义和狭义理解（魏峰等，2005）。广义的心理契约指雇佣双方基于各种形式的（书面的、口头的、组织制度和组织惯例约定的）承诺对交换关系中彼此义务的主观理解，比较侧重对"心理"成分的关注；狭义的理解为员工出于对组织政策、实践和文化的理解和各级组织代理人做出的各种形式的承诺的感知而产生的，并不一定被组织意识到。但总的来说，心理契约的本质特征就是对建立在承诺基础上的相互义务的感知，这种感知可以鼓励员工积极主动地为组织服务，可以激励员工的组织公民行为，做出有利于组织发展的行动。

Rousseau and Parks 等人对员工的心理契约做了进一步研究。他们认为，员工认为组织的义务主要归结为七个方面：具有丰富性的工作、公平的报酬、成长的机会、晋升的机会、充分的工具和资源、支持性的工作环境、有吸引力的福利；员工认为雇员的义务主要集中在八个方面：对组织忠诚、加班工作、自愿做份外工作、接受工作调动、拒绝支持竞争对手、为组织保密、离职前告知、至少在组织工作两年。对组织的义务和雇员的义务进行探索性因素分析，发现两个公共因素：交易因素和关系因素。并指出，心理契约由三个维度构成：交易维度、关系维度和团队成员维度。交易维度指组织为员工提供经济和物质利益，员工承担基本的工作任务；关系维度指员工与组织关注双方未来的、长期的、稳定的关系，促进双方的共同发展；团队成员维度指员工与组织注重人际支持和良好的人际关系。

2.5 社会网络理论

2.5.1 社会网络理论发展沿革

社会网络分析（Social Network Ananlysis，SAN）是社会学研究新范式，出现在20世纪40年代并在最近20年得到快速发展和广泛应用（罗家德，2004）。对社会网络分析，很难给出一个统一的解释，但总的共识是，社会网络分析是对社会关系结构及其属性加以分析的一套理论和方法。社会网络分析被看成是关于社会关系研究的一个新范式（林聚任，2009）。社会网络分析不仅仅是一种工具或一套工具，也不仅仅是一种方法，而是一种关系论的思维方式。这种思维方式告诉我们，我们生活的世界是一个错综复杂的、人与人之间相互关联的网络世界，任何一个个体即"人"与其他个体都有着千丝万缕的联系，这种联系就构成了社会网络。即每一个人都有自己的社会关系组成的社会网络，个体的行为与态度受这种社会网络的影响甚至被决定。如整个社会对某一个问题的看法或者做法对个体的看法或做法有着至关重要的影响。这就改变了以前人们认为个体的行为仅仅受其个体本身影响的观点。这种观点恰恰体现了20世纪从实体论向关系论的学术思潮的转向，开拓了人类对自身认识的新视野（Scott，2004）。这种范式已经在哲学、经济学、社会学、管理学等很多学科中得到应用。

社会网络分析是英国著名的人类学家 R. 布朗（Radcliff Brown, 1940）在对社会结构的关注中提出来的（布朗，1999）。但是布朗所探讨的焦点在于文化是如何规定了有界群体（Banded Group）内部成员的行为，没有考虑到群体之间的复杂关系，也没考虑个体的关系的影响结果，这时候社会网络分析的概念还没有被明确地提出来。为了更深入地研究布朗提出来的社会结构思想，从20世纪30年代到70年代，更多的研究者认真思考社会生活的网络结构及其相关概念，社会网络分析的方法和技术也日臻完善，并逐步构建社会网络概念体系，随后逐步形成社会网络理论，也被称为社会网络分析，并成为一种重要的社会网络研究范式（Wasserman & Faust, 1994; Scott, 2000; Everett, 2002; 刘军, 2004）。

社会网络分析的发展得益于多种学科和学派的相互交融，这些学派在社会网络分析的发展过程中相互影响，共同促进社会网络分析的发展和应用（Scott, 2004）。这些学派中主要有三个传统学派：一是社会计量学者的研究，代表人物主要有科勒、卢因、莫雷诺、海德、卡特赖特和哈拉里。他们通过研究小群体，在技术上推进图论的发展，为社会网络的实证研究奠定了方法基础，使社会网络研究从描述性专项分析转变为计量分析，极大地促进了社会网络分析在其他学科中的应用。二是人际关系的研究，代表人物有拉德克利夫·布朗、涂尔干、梅奥和沃纳。他们提出了"派系"的概念以及非正式组织理论，开始将"网络"概念应用到社会互动分析当中。尤其是梅奥提出了组织内非正式组织的概念，即组织中除了制度性的正式组织外，还存在非正式组织。即社会网络在组织内部的存在有其逻辑的必然，并指出员工的行为受到社会网络的影响，这就为社会网络分析在企业组织以及员工行为研究中的应用奠定了理论基础。三是"社区"关系结构研究，代表人物包括巴恩斯、博特和纳德尔，他们对部落和乡村进行了整体上的关系研究，为社会网络分析开辟了更加广阔的空间。社会网络分析的历史发展脉络如图2-2。

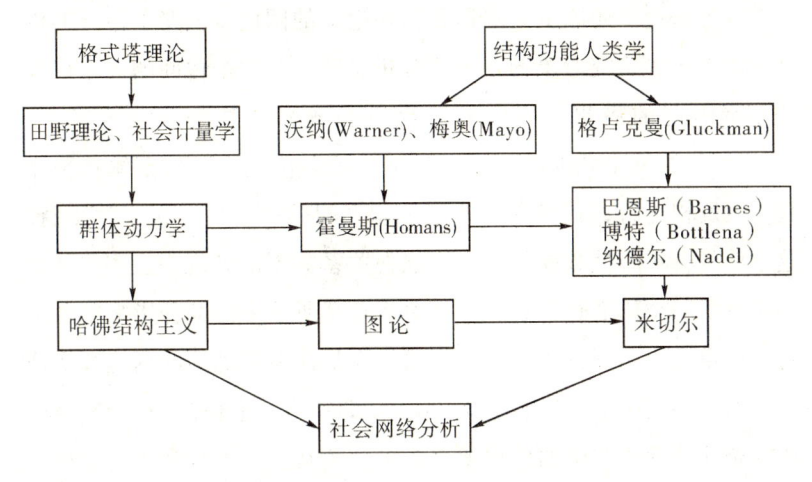

图2-2　社会网络分析发展的系谱图

[资料来源] 约翰·斯科特. 社会网络分析法 [M]. 2版. 刘军, 译. 重庆：重庆大学出版社, 2007：7.

社会网络分析在社会学的研究中得到广泛应用，为社会问题的研究提供了新的思路和方法。起初人们基于社会网络分析的视角研究信息如何在社会群体中传播，妇女堕胎的行为如何受到其社会关系的影响而不是法律以及政府的干预（Lee，1969）。格兰诺维特（Granovetter，1992）运用社会网络分析方法解释人们成功的原因时指出，非正式社会网络的联结是个人发现职业机会的主要渠道。因为个人在决定获得职业信息的方法方面，"理性的"选择并不重要，重要的是信息联络人是否能提供信息，个人能否从联络人那里得到信息。如一个人跳槽的概率取决于他所接触到的与他的职业不同的人或者与他的"圈子"不同的人占总接触的人的比例。个体的社会网络结构越复杂，跳槽的几率就越大。近年来，社会网络分析还广泛应用在包括企业集群、组织知识共享、创业、组织内非正式组织的形成以及组织员工行为等领域，社会网络分析为这些领域的研究提供了新的视角（武欣、吴志明，2005）。

2　社会网络与组织公民行为理论 | 35

社会网络分析最大的贡献和意义在于它摆脱了范畴和属性分析的个人方法论、还原主义解释和循环论证的困境,改变了传统的以独立的个体为研究对象的原子论分析思路,关注个体间的关系以及关系所引起的后果,从群体的视角去解释个体的行为(刘军,2004)。社会网络分析以关系为基本分析单位,恰恰与个体"独立性"假设相违背,其研究对象是个体之间的关系而不是个体本身。这就使得分析属性数据的方法不能在关系数据的处理中应用,社会网络分析对个体之间建立的各种关系及其所带来的某种影响结果进行精确量化及实证分析提供了方法,为某种中层理论的构建和实证命题的检验提供了量化的工具(Scott,2006)。近年来,社会网络分析在企业管理研究中的应用愈来愈多,尤其在员工行为研究中得到发展,就是得益于社会网络分析在方法上的突破(Bowler,2000)。

2.5.2 社会网络分析相关理论解释

社会网络分析在社会学研究中的价值是其提供了社会嵌入分析架构中行动者间关系内涵的研究。它是目前为止对社会结构研究最有力的分析工具(罗家德,2004)。社会网络分析的内容包括个体在社会网络中的位置及其形成、网络具有怎样的结构特性以及如何影响行动者的行为等。其中网络结构观、弱关系力量假设和嵌入性理论、结构洞理论和社会资本理论等对社会网络从不同的角度进行分析和研究提供了理论解释,构成了社会网络分析在各个研究领域应用的基本分析框架以及分析问题的基本观点。

2.5.2.1 社会网络结构观

该理论主要代表人物有哈里森·怀特(Harison White)、马克·格兰诺维特(Mark Granovetter)等。社会网络结构观的核心观点是,网络结构观把人与人、组织与组织之间的纽带关系看成一种客观存在的社会网络结构,并分析这些关系结构对人或组织的行为的影响。网络结构观认为社会个体之间存在一种复杂的内在的网络关系,它们之间存在的相对稳定的形态构成了一种社会网络结构，这种相对稳定的网络结构对网络中的个体的行为会产生影响，社会关系是社会网络构成的基本细胞。对社会网络结构的认识，网络结构观认为主要基于两个基本因素：社会个体的认识和社会关系的认识。网络结构观认为社会个体是有意识的行动个体，其行动受到个体社会关系及关系结构的影响。从社会关系来看，社会网络结构观认为整个社会可以被理解为一个错综复杂的关系网络构成的大系统。网络结构观聚焦于社会主体的关系模式和行动属性，关注的是处于社会网络中的个体如何通过关系获取资源，而不是直接拥有的资源禀赋；强调社会主体在资源获取中的主动性，而不是关注主体本身所拥有的资源。具体来说，网络结构观的观点可以概括为以下几个方面：①网络结构观从个体与其他个体的关系问题（诸如亲属、朋友或熟人等）入手来认识个体在社会网络中的位置，在同一网络中，个体的关系越多，个体的网络规模越大，位置越重要；关系越少，规模越小，位置越不重要。②个体按其社会关系分成不同的网络，如以家庭、熟人、朋友为特征的情感网络，以同事为特征的工作咨询网络等，在企业组织内部，情感网络和工作咨询网络是最普遍的两种网络，不同的网络所体现的特征不同，影响个体行为选择。③网络结构观分析人们的社会关系面、社会行为的嵌入性，即社会个体嵌入到社会网络当中，其行为受到其所在社会网络的影响。④网络结构观关心人们对社会资源的摄取能力，并不在乎人们是否占有某种资源。人们在其社会网络中是否处于中心地位，决定其网络资源的多寡、优劣，由此决定了个体的行为选择。网络结构观为社会网络研究提供了整体的视角，为分析个体行为影响提供了新的思路。社会网络结构观可以解释员工社会网络的程度中心性对员工行为的影响。网络结构观认为，在同一网络的个体中心性可以用绝对程度中心性来测量，在不同的网络之间，比较个体之间的中心性用相对程度中心性测量。相对程度中心性越高，说明个体所拥有的关系绝对或相对越高,个体受到社会关系的影响就会越大。在本研究中用相对程度中心性指标测量员工个体在组织内社会网络中的位置,后面的程度中心性指相对程度中心性。

对于组织内部的社会网络结构的认识,网络结构观认为,组织内部的社会网络结构是社会网络在组织中的延伸。组织内社会网络的特征:首先,组织内社会网络结构是组织内非正式组织的表现,它的形成不仅受到组织内个体因素的影响,而且受到组织内正式组织结构的影响(刘楼,2008)。正像格兰诺维特(1985)指出的,嵌入社会中心网的个体有一部分是自主的,另一部分是依赖的,这样的关系轮廓,必须考虑特殊的文化、制度价值和其他社会环境互动下的模式。所以行动者的经济行为既是自主的,又是嵌入到互动的网络中的,会受到社会网络的制约。其次,组织内社会网络结构反映了组织内资源及社会资本的流动方式,对组织内个体行为有影响。

2.5.2.2 弱关系和社会嵌入理论

格兰诺维特1971年在《美国社会学杂志》上发表的《弱关系力量》一文,第一次系统地提出了弱关系理论,被认为是社会网络研究的重要成果。格兰诺维特将社会关系分为强关系和弱关系,认为强弱关系在人与人、组织与组织、个体和社会系统之间发挥着根本不同的作用。强关系维系着群体、组织内部的关系,弱关系在个体之间、群体与组织之间以及个体、群体和组织之间建立了纽带关系。一般从四个方面来测量关系的强弱:一是互动的频率,互动的次数越多为强关系,反之则为弱关系;二是感情力量,感情较深为强关系,较浅为弱关系;三是亲密关系,关系密切为强关系,关系疏远为弱关系;四是互惠关系,互惠交换多而广为强关系,反之则为弱关系。格兰诺维特在此基础上提出弱关系为信息桥的判断,即弱关系可以将其他群体的重要信息带给不属于这些群体的某个个体。在与其他人的联系中,弱关系可以创造额外的信息流动机会。同时格兰诺维特强调,虽然弱关系不一定都能发挥信息桥的作用,但能够充当信息桥的必定是弱关系。强弱关系概念在社会网络分析中占有重要的地位，是分析个体之间关系特征的重要指标。格兰诺维特充分肯定弱关系在获取资源中的潜在作用，认为弱关系是人们进行资源共享的桥梁，所交流的信息是稀缺的。强关系所形成的社会网络局限于如家庭成员、同事等固定群体当中，在群体内部的充分交流使得成员之间获取资源具有稳定性和可靠性，而且交流的信息是有冗余的，即一个人密切接触的他人拥有很多重复的信息。强弱关系的假设解释个体之间进行社会交往的程度，对于分析社会关系对个体行为影响的程度提供了研究思路。正像格兰诺维特指出的，强关系使得关系的主体在价值观、思维方式等方面趋同，弱关系在信息的提供、资源的获得方面将给予个体更多的帮助（Granovetter, 1971）。

嵌入性概念是由经济学家卡尔·波拉尼（1954）首先提出来的。20世纪80年代以后，格兰诺维特继承并发展了嵌入性的思想，他认为人类行为存在过度社会化和不充分社会化这两种极端倾向，解决这两种极端的办法就是将人的社会行为嵌入到社会网络中。"嵌入"的意义在于说明个体在社会生活中不是孤立地存在的，而是处于社会网络之中，人与人之间有着千丝万缕的联系。社会网络中的主体之间通过关系的嵌入传递着社会资源，但也具有独立性，社会网络中的个体是社会性与独立性的混合体。罗家德（2003）指出，嵌入性研究的重点就是在一个网络之中的个人如何透过关系，在动态的行动过程中相互影响，不但影响了个体的行为，也会改变相互的关系，从而影响整体结构。格兰诺维特进一步强调，经济行为嵌入社会结构，而核心的社会结构就是人们生活中的社会网络，嵌入的网络机制是信任。信任来自于社会网络，信任嵌入于社会网络中。同时，嵌入性概念在解释网络关系对个体的影响时强调指出，个人中心社会网络（Ego-Centered Network）的个体行为有一部分是自主的，另一部分是依赖的，这样的关系轮廓，必须考虑特殊的文化、制度价值和其他社会环境互动下的模式。这里的依赖指的就是个体之间在网络关系里,双方彼此交易互动,双方资源可以创造互惠,进而产生规范性的标准,成为信任的基础,并进而对双方行为产生更加深远的影响。因此,嵌入理论更多地反映了在特定的文化背景下,每一个人都嵌入到特定的社会网络当中,孤立的个体是不存在的,嵌入的结果是人们的行为受到影响。对于组织内部的非正式组织而言,强关系维系着非正式组织内小团体的内部关系,弱关系反映小团体之间、个体之间以及个体与团体之间资源流动或信息交流的特点。

2.5.2.3 结构洞理论

在嵌入性思想的影响下,罗纳德·怀特(Ronald White,1992)提出了结构洞理论,对弱关系获取资源的桥梁作用做了进一步阐发。他于1992年在《结构洞》一书中指出,存在于组织中的社会网络的个体之间存在直接关系、间接关系及个体之间没有联系三种形式。无直接联系或关系中断的现象,从组织的整体结构来看就好像网络结构中出现洞穴,没有直接联系的个体要想取得联系,必须经过第三方,因而成为结构洞,结构洞发挥了个体联系的桥梁作用。如图2-3所示。

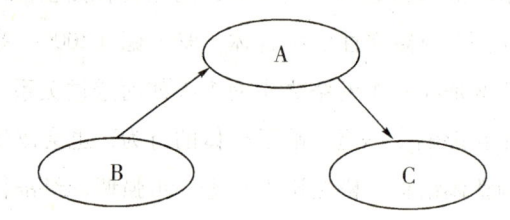

图2-3 个体结构洞网络图

如上图2-3,在ABC网络中,A、B之间有关系,A、C之间有关系,而B、C之间没有关系,则B、C之间在交流中存在结构洞。B、C之间要发生社会关系、要进行信息或资源交流必须经过节点A,节点A就处在结构洞的位置。怀特强调,如果B、C之间存在竞争关系，B、C 的交流存在就为 A 提供了保持获得信息和控制信息的两大优势。从资源获取来看，结构洞理论认为，社会资源的获取过程不是完全的互惠交换行为，而是以利益为特征的竞争行为，网络中互动更多地体现为主体之间的相互竞争行为，这种竞争主要围绕着对结构洞的占有情况而展开。主体占有结构洞越多，联系的网络范围也就越广，那么该主体就将获得控制资源的优势地位。结构洞理论揭示了个体网络中介性的特征，中介中心性越高，结构洞位置就越明显。

2.5.2.4 社会资本理论

社会资本研究主要围绕社会资本的概念认识而展开。布尔迪厄（Pierre Bourdieu）、科尔曼（Coleman）、普特南（Putnam）和博特（Ronald Burt）是社会资本研究的代表人物。布尔迪厄于 1980 年首先提出社会资本概念。布尔迪厄认为，社会资本与物质资本、财务资本、人力资本共同存在但形式不同，社会资本与其他资本形式有着本质区别，如表 2-2。社会资本指实际的或潜在的资源的集合体，那些资源是与个体对某些网络的持久占有密不可分的，这一网络是大家共同熟悉的、得到认可的，是一种制度化的社会网络。布尔迪厄（1997）认为，社会资本的特性在于社会网络个体和网络规模。社会关系联结的个体关系交往能力越强以及网络规模越大，个体的社会资本越高；相反，当联结的个体关系交往能力弱、关系规模相对较小时，个体的社会资本越低。[①]

[①] 布尔迪厄. 文化资本与社会炼金术——布尔迪厄访谈录 [M]. 包亚明，译. 上海：上海人民出版社，1997.

表 2-2　　　　　　　社会资本与其他资本的异同

异同之处	物质资本	财务资本	人力资本	社会资本
可投资性及期望报酬	有	有	有	有
可专用性	有	有	有	有
可转换性	高	高	中	低
与现实替代性及互补性	可	可	可	可
维持成本	有	无	有	有
是否公共物品	否	否	否	是
是否存在于关系中	否	否	否	是
可衡量量化性	容易	容易	中等	困难

[资料来源] 刘楼整理自：陈荣德. 组织内部社会关系网络的形成与影响：社会资本观点 [D]. 台北：中山大学博士论文，2004：67.

林南（2001）等研究者从社会资源获取的角度揭示社会资本的概念：个人可以通过建立社会关系来获得通向所需资源的途径，同时获取社会资本（Lin，2001；Baker，1990）。大量研究表明，弱关系可以提供很好的信息途径（Masden & Campbell，1984；Granovetter，1973）、更多的工作机会（Lin，1990）以及促进知识分享（Baker，1994；Coleman，1988；Nahapiet & Ghoshal，1998）。而强关系诸如朋友等则可以提供社会影响（Krackhardt & Hanson，1993）、社会支持（Wellman，1992）以及长期的合作行为（Uzzi，1996）。博特指出，个人的社会资本指的就是朋友、同事和更普遍的联系以及企业内部的种种联结，社会资本成为最终的决定者。

对于社会资本的认识，主要来自两方面：一是联结方法（Tieapproach），二是结构方法（Shaul M. Gabbay，Roger TH. J. Leenders，2001）。联结方法的重点在于给定自我（Ego）和他人之间的对偶关系，是反映二人的关系的结构取向，因此自我和他人（Alters）的资源禀赋在一定程度上决定了社会资本的大小。而结构方法强调个人镶嵌于社会网络中的结构状态，反映整体的社会网络，是整体利益以及与此相关的各种利益的总和（刘楼，2008）。Nahapiet 和 Ghoshal（1998）把社会资本定义为"镶嵌在个人或社会网络中、通过网络关系可获得的、来自于关系网络中的实际或潜在资源的综合"，并且对社会资本区分了三个维度：结构维度（Structural Dimension）、关系维度（Relational Dimension）和认知维度（Congnitive Dimension）。并分别从组织内社会网络的结构特征（Social Interaction Ties）、组织成员之间的信任（Trust and Trust – Worthiness）和共同目标（Shared Vision）三个方面加以度量。社会资本的结构认识体现在对社会资本的结构维度的关注上，其关注的是行动者之间的整体模式，关心的是网络联系存在与否、联系强弱及网络结构。关系维度指通过创造关系或者由关系手段获得的财产，包括信任与可信度、规范与惩罚、义务与期望以及可辨识的身份。认知维度指的是提供不同主体之间共同理解的表达、解释与系统的那些资源，如语言、符号和文化习惯，在组织内部还应该包括默会知识等。科尔曼（Coleman，1990）从社会资本的形式、特征以及社会资本的创造、保持和消亡的过程等方面加以论述。他指出，在组织中，社会关系网络存在于人们的组织之中，社会资本是个体行动的重要源泉，即当人们之间的关系的改变可以促进工具性的行动时，就产生了社会资本。科尔曼主要从功能主义角度对社会资本的认识更进一步。他指出，社会资本是创造价值并促进个人行为的社会结构因素。科尔曼成为系统论述社会资本的第一人（周红云，2009）。

对于社会资本内容的研究，目前学术界将社会资本分为三个层次：个人层次、组合层次和组织间层次（边燕杰、罗家德、郭毅、朱熹等，2006）。见表 2-3 所示。

表2-3　　　　　　　　管理研究中的社会资本

研究层次	研究者	研究观点
个人层次	Bourdieu（1997）	社会资本是实际或潜在的资源集合体，这些资源与对某种持久性的网络的占有密不可分，这一关系网络是大家熟悉的、公认的。
	Lin Nan（1982）	个人的工具性行为可以通过社会联系交换、借用、摄取他人占有的资源，这些资源是个人的社会资源。
	Podolny & Baron（1997）	个人的社会关系网络与社会资本影响他的工作绩效和事业成功。
	Belliveau, O'Reolly & Wade（1996）	企业中CEO的人际关系网络、社会资本和社会地位对其报酬具有重要影响。
	Chong & Gibbens（1996）	产生社会资本的那些社会结构能够促使企业家精神产生，因为这些结构能够提供持续的竞争优势。
	Bolino, Turmley & Bloodgood（2002）	社会资本能够促进组织公民行为的产生,而组织公民行为又能够创造和积累新的社会资本。
组织层次	Coleman（1990）	社会资本是社会网络特定结构的属性和功能，可以促进组织和个人实现目标。
	Putnam（1993）	社会资本指的是组织的某种功能，如信任、规范和网络。
	Nahapiet & Ghoshal（1998）	组织作为一种制度环境，有利于社会资本的产生,组织较市场更为密集的社会资本，使得组织在创造和分享智力资本方面具有竞争优势。
	Leana & Van Buren（1999）	组织社会资本能够强化共同目标，促进信任产生，从而通过更成功的集体行动来创造价值。组织社会资本可以通过实践加以培养。
	Tsai & Ghoshal（1998）	社会互动和信任（结构和关系维度是社会资本的一部分）明显影响组织内小组之间资源交换的范围，而后者则明显影响创新。
	Hansen（1999）	组织内小组之间的弱关系有助于发展并传递有用而且不复杂的信息，但是阻碍了复杂信息的传递。复杂信息的传递要求小组间具有强联系。
	Gabbay & Zuckerman（1998）	社会资本有助于组织内部资源与信息的交换，并且促进创新。
	Rosenthal（1996）	社会资本有助于跨部门、跨职能的团队合作，能够提高团队合作效率。
	Krackhardt & Harson（1993）	社会资本能够促进员工参与组织职能，提高员工对组织的忠诚度，降低员工流动性。

表2-3(续)

研究层次	研究者	研究观点
组织间层次	Baker (1990)	组织间的强联系是一种很重要的市场关系,这种关系是社会结构化的。配置和动员市场中的社会资本是企业经营管理的重要方面。
	Saxennian (1991)	开放式组织网络往往比封闭式科层组织在信息和资源的扩散方面更具有效率。更快更便捷的信息和资源扩散使得不同的组织形式能够产生不同的组织绩效。
	Ring Van De Ven (1994)	社会资本强化组织之间关系,维系组织间网络,促进组织间信任的产生。

[资料来源] 本研究在《社会资本与管理学研究新进展——分析框架与应用述评》(郭毅、朱熹,2006)汇总的基础上进行了整理。

人们对社会网络和社会资本的概念的比较给予了较多的关注,目前对此也有了比较清楚的认识。从不同层次定义和解释社会资本,丰富了这一概念的内涵,同时不同的学术传统加入到这一研究领域,推动了社会资本研究的快速发展,并且使之得到广泛应用。正如边燕杰(2006)指出的,对社会资本的研究尽管存在多种认识,但总体上社会资本的基本定位是清楚的、内涵是明确的,即社会资本的实质在于社会关系网络,判定社会资本的根本形式,需从资源与行为者关系入手。[①] 有研究认为,社会网络是潜在的社会资本,社会资本是用来投资的社会网络,社会网络就是社会资源,但不一定是直接的社会资本,社会资本蕴含在社会网络之中,表现为社会资本借用资源的能力(刘林平,2006)。因此,有研究者在测量社会资本时就直接测量社会网络的相关特征(如罗家德等)。近几年,社会资本理论得到广泛应用,包括应用于工作绩效、资源交换、组织创新、组织之间合作以及组织公民行为等问题的研究中。从社会网络和社会资本角度研究成为管理学研究中最新发展之一(郭毅、朱熹,

---

[①] 边燕杰,邱海雄. 企业的社会资本及其功效[J]. 中国社会科学,2000 (2).

2006)。

社会资本理论为我们的研究提供了新的视野,为我们认识政治、经济以外的非制度性因素提供了新的分析途径和视角,解释了社会网络对人们的行为产生影响的内在机制(刘楼,2008)。社会资本为人们研究人际关系以及社会关系对个人行为的影响提供了很好的分析工具(周红云,2009),也解释了社会网络构建的动力所在。

组织内社会资本概念是研究的重要领域。组织内社会资本成为社会网络对员工行为影响的原因的重要解释。研究对象不同、研究领域不同,社会资本的分类也不同。将社会资本分为组织内社会资本和组织间社会资本是社会资本在企业管理研究中应用的重要概念(任秋芳、李晓红,2007)。如图2-4所示。

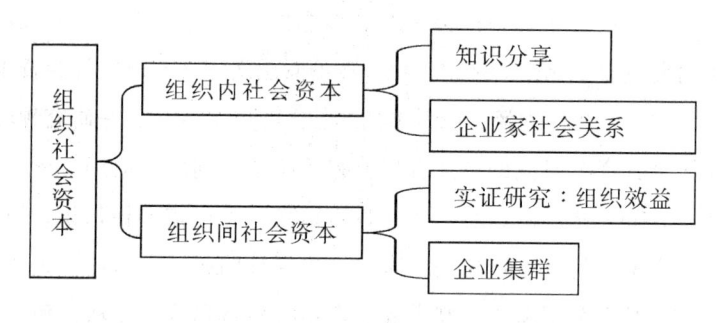

图2-4 组织社会资本分类

[资料来源] 任秋芳,李晓红. 组织内社会资本与组织效益的关系 [J]. 华东经济管理, 2007 (7).

Galati(1998)将社会关系分为结构性嵌入关系和关系性嵌入关系,并相应地将社会资本分为结构型社会资本、关系型社会资本和认知型社会资本。Krishna将社会资本划分为结构型社会资本和机会型社会资本。Galati进一步解释道,这里所说的结构型社会资本指的是组织内正式组织的社会资本,而关系型社会资本指的是组织内非正式组织的社会资本。具体分类分析如图2-5所示。

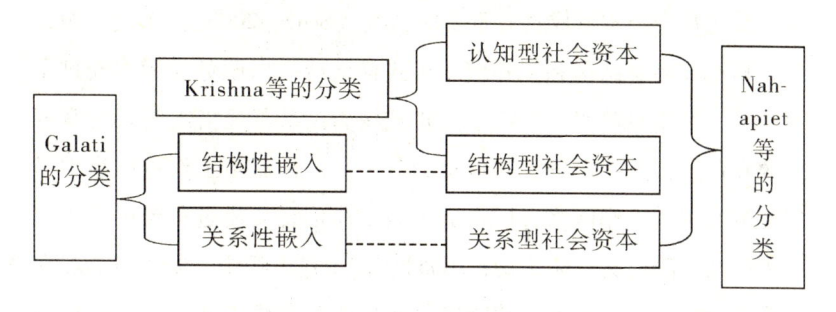

图 2-5 社会资本的分类

[资料来源] 任秋芳, 李晓红. 组织内社会资本与组织效益的关系 [J]. 华东经济管理, 2007 (7).

刘楼（2008）对组织内社会资本的概念做了比较详细的论述。刘楼认为，组织内个体社会资本的形成是从组织内员工的网络结构入手的。组织内部社会资本的形成，如同组织内社会关系的形成一样，有其特殊性。刘楼指出，结构是关系的稳定趋势，是制度化的关系。制度化（Institutionalization）可以是正式制度也可以是非正式制度。正式制度也是正式关系结构体系，是组织规定的层级结构。非正式制度是以信任、规范约束的相对稳定关系，并客观上安排着员工在整个社会网络中的地位。不管是正式制度还是非正式制度，最后的结果都是使关系个体在网络中对资源、信息的控制预分配中有着比较稳定的结构地位优势，形成社会网络联结和网络结构，呈现了社会网络具有的一定特性，如密度、层级和不同的小团体等（Nahapiet Ghoshal, 1997）。这种地位等级有可能把关系中的资源变为社会资本。相应的，地位比较低的个体就会为了获得一定的社会资本而进行相应的投资，以维系他与地位比较高的员工之间的关系。社会资本的投资成本表现为关系的维护成本，收益表现为通过关系网络而获得的资源、信息及其他利益。

正式组织结构和非正式组织结构对社会资本有着不同的影响。前面提到，组织可以分为正式组织和非正式组织，它们对组织内员工个体的社会资本形成具有重要的影响（Scott，2000）。正式组织结构包括正式科层结构和工作流。正式科层结构以职务的形式安排了每一个人的相对等级，并赋予其正式权力，员工凭借组织权力掌握资源和信息，并决定资源和信息的分配。工作流指工作过程当中必须交流的正式工作网络，反映员工在工作信息交流过程当中居于网络中的结构洞情况（陈荣德，2005）。在正式组织中，职务越高、在工作流中的工作越重要，就越容易形成关系规模，并占据结构洞的位置，就越容易控制资源和信息流动，获得更多的社会资本。非正式网络结构通常包括情感网络、情报网络和咨询网络（Krackhardt，1990、1994）。每个员工即每个网络中的节点有着不同的地位。在社会网络分析方法中，通常用个体的社会网络规模和结构洞表示网络中每一个行动者即员工的相对地位，体现着非正式社会网络给予行动者非正式权威，解释组织中实际拥有的权力（Henneman，1998；Brass，1985；Burt，1992；Rachman and Mescon，1985）。从前面对社会资本的三个维度的分析中可以看出，组织中个人在正式组织和非正式组织中即个体的社会网络中拥有不同的社会资本。在正式的层级结构中，岗位级别等级高的比等级低的有更多的优势获得信息、资源以及同事的认可，拥有更多的社会资本。同样，在社会网络中，结构洞程度高的比结构洞程度低的容易得到网络中的信息和资源，也会有更多的社会资本。林南（2001）和刘楼（2008）在其实证研究中都证实了以上观点。他们认为，正式的岗位等级会影响个人社会资本的形成，社会网络中的行动者位置会给自己带来社会资本。

边燕杰（2006）通过对于组织内社会资本的研究，认为，第一，社会资本即社会网络规模，个人的社会网络越多，个人的社会资本存量越大；第二，社会资本即社会网络密度，高密度的社会网络有助于约束个人遵从团体规范，同时提供了个体获得更多的社会资本的可能性，带来社会资本，有利于其在竞争环境中求生和先赢，而低密度的社会网络则可以减少这种约束，降低了个体获得社会资本的可能性；第三，社会资本是一种社会网络资源，是个人所建立的社会网络的数量以及个人在社会网络中的位置。个人在社会网络中的位置，最终表现为借此位置所能动员和使用的社会网络中的嵌入性资源。由此，边燕杰进一步指出，社会资本的存在形式是社会行动者之间的关系网络，具体表现为在社会行动者之间可转移的资源。笔者同意这种观点，认为社会资本对社会网络结构具有根源性。即社会结构是组织内个人得到社会资本的网络结构，尽管社会结构不等于社会资本，却是社会资本的来源。因此，本研究认为，占有社会网络优势的个体就具有获得社会资本的优势，从这个意义上讲，社会资本与社会网络结构具有同一性。组织内个人的社会资本是通过个人社会网络位置和结构而得到的资源、信息。在近几年国内社会学界社会资本的相关经验研究中，相当多的学者采用了社会网络视角定义和测量社会资本，或用社会资本观点分析网络关系对行为的影响（边燕杰，2004、2005；罗家德，2006；张文宏，2004、2005等）。

罗家德（2007）从新人的角度对组织内社会资本做了更为详细的解释。罗家德认为，个体社会资本就是组织内因社会结构因素而获得的资源，具体包括个体关系面的社会资本和个体结构面的社会资本。个体关系面的社会资本是个体双方由信任而产生的。用布劳的社会交换理论解释，一方对对方回报的期待成为另一方长存于心的义务，当这份义务履行时，期待才满足，交换双方因此才能产生信任。信任是社会资本的核心概念，一个被人信任的人自然可以获得较多的合作机会，人们也较乐意提供资源以期待回报。在组织内部，信任包括上下级之间的信任和员工之间的信任，由此，组织内员工的社会资本有可能是由上下级或者同级之间的信任而产生的。个体结构面的社会资本是由网络位置和网络连带而产生的。网络位置主要指个体在社会网络中的位置，如个体的结构洞等。根据科尔曼的分类，组织内部的结构面的网络连带包括权威的连带和获得信息连带的潜力。权威是组织结构的重要特征。权威利用资本的分配权力和隐形的影响力影响着其他员工,从而获得其个人的社会资本。

从对社会资本的研究文献中可以看出,社会资本不仅可以解释社会关系的联结和发展(Adler & Kwon, 2002),也可以解释组织内员工之间关系以及员工之间关系对其行为产生影响的原因。即占有社会网络结构优势的个体就具有更多获得社会资本的能力,占有更多的社会资本就必然反映了个体占有社会网络规模、结构和位置的优势。从这个意义上讲,社会资本是个体在社会网络中位置、结构和规模的反映。反过来,个体为了获得更多的社会资本,就必然要争取在组织中获得更好的社会地位或较大的网络关系规模,也必然决定个体交往的方向和频率。因此,社会资本理论解释了处在不同位置的个体的行为选择不同的原因,解释了处在不同位置以及拥有不同网络规模的个体的行为(Scott, 2006),也就为组织内社会资本即社会网络对员工组织公民行为的影响提供了有力的解释。因此,组织内社会资本有力地解释了员工社会网络对组织公民行为的影响,并成为处于不同位置的员工个体有不同行为选择的重要原因。

2.5.3 社会网络理论相关概念

在国内,对社会网络分析的概要性介绍主要出自《社会方法研究教程》(袁方、王汉生主编)、《社会科学研究方法》(林聚任、刘玉安主编)以及《社会网络分析讲义》(罗家德)等著作。应该说社会网络分析在我国本土研究中得到关注还是近几年的事情,还处在起步阶段(刘军, 2004)。因此,笔者在开展本研究之前,有必要对社会网络分析的几个基本概念做简单介绍。按照刘军(2004)的三分法,社会网络分析概念分三类:微观层次的个体社会网络分析术语(个体网络、密度、强度、中心度)、中观层次术语(二人组、三人组、块)和宏观层次术语(结构对等性、派系、中心势)。社会网络分析是一个系统的理论体系,所涉及的概念及术语较多,本书只介绍与本研究相关的术语，更多的术语参见 Wasserman & Faust (1994)、Scott (2000) 和刘军 (2004) 等的著作。这里集中介绍社会网络及其组成要素——行动者和关系概念以及微观层次的个体社会网络分析相关概念。

社会网络是由多个社会行动者及它们间的关系组成的集合，基于社会网络视角的分析方法被称为社会网络分析方法。社会网络是由一个特定集合的行动者（Actors）或称为节点（Nodes）、行动者之间的关系（Relation）组成的关系网络，因此，节点和关系成为社会网络的基本组成要素。

社会网络中的"节点"都是一个行动者个体，可以是具体的个人，也可以是一个团体、企业、阶级、阶层或者社区，还可以是民族、国家等，一般可以根据研究目标的需要确定不同的对象作为研究的"节点"。艾伦（Allen, 1976）根据行动者之间关系联系的特点，把行动者分为：桥（Bridge）——联结不同沟通群体、联络人（Liaison）——不属于任何沟通群体但起着联络作用的人物、孤独者（Isolate）——很少或者不参与任何沟通的人物以及明星（Star）——网络中有很多关系联结的人物等。见图 2-6。

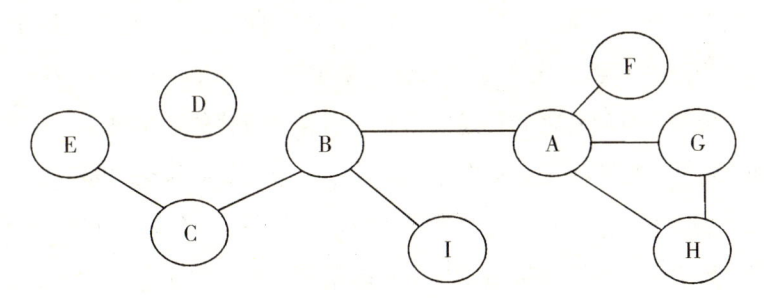

◯ 节点（Node）　—— 联结（Tie）或关系（Relation）
其中，A：明星，B：桥，D：孤独者。

[资料来源] 为了研究的方便，笔者自己绘制了虚拟的网络图。

图 2-6　社会网络图

2　社会网络与组织公民行为理论 | 51

"关系"是发生在至少两个个体之间的联系（Ties）。"关系"常常代表的是行动者之间的具体的实质性联系。关系是社会网络构成的基本单位，也是社会网络分析的基本单元，社会网络分析就是从分析个体之间的关系开始的。

行动者之间关系的含义在社会网络分析中用联结来表达。联结是行动者之间的联结线条（如图2-6），表达社会网络的结构特征。个体之间关系有不同的特点，这些特点可以用关系强度（Strength）、对称性（Symmetrically）、相互性（Reciprocity）和多样性（Multiplicity）来表述（Tichy、Tushman，1979）。关系对称性则由行动者的地位或所处的位置决定，当行动者地位平等时，行动者之间的关系就是对称的，否则，就是不对称的（刘楼，2008）。如当行动者是上下级关系或一方在一定群体中具有很高的声誉时，则不是对称的。关系的相互性是行动者之间的"礼尚往来"，如果行动者之间传递的内容、信息和情感的强度是相近的，那么他们之间的关系是相互的。"多样性"是指关系可以是表达情感的，可以是传递信息的，可以是正式或非正式工作需要的，人和组织的多样性决定了关系的复杂性。关系可分为强关系和弱关系，在非正式组织结构图中可以看出，关系联结的强度是通过"在某一联结上所花费的时间、情感投入程度、亲密程度及互惠性服务等的综合"来定义的（Granovetter，1973）。关系强度由行动者之间传递的信息、内容、情感的数量决定，频率和稳定性、持续性是重要的衡量指标（Monge、Eisenberg，1987）。弱关系被描述为"偶尔发生的或疏远的"（Hansen，1999）。在社会网络分析中，关系的强弱是非常重要的概念，个人的社会网络关系的强或者弱会影响到个人的行为决策（Suarez，2005）。用规模（Size）、密度（Density）、中心性等指标，可以判断关系的开放性（Openness）、稳定性（Stability）、可达性（Reach-ability）、个人在网络上的位置以及关系的强弱等社会网络的特征（Freeman，1979、

1992；Tichy、Tushman，1979；Scott，1991；Krackhardt，1993；Hanneman，1998）。

在社会网络分析中，关注角度不同，关系的分类也就不同。从关系中参与的行动者多少来划分，主要有二元关系（二方关系）、三元关系（三方关系）以及一对多和多对多关系，但最基本的是二元、三元关系。对于二元关系来说，一个二人组（Dyadic）指的是一对行动者以及他们之间的所有可能存在的关系，包括虚无关系（两个行动者之间无任何联系）、不对称关系（即行动者之间只存在单向关系）、互惠关系（两个行动者之间相互选择）等形式（刘楼，2008）。一个三人组（Triad）（又被称为三方组或三方关系）指的是三个行动者以及他们之间有可能存在的关系。齐美尔（Simmel，1902）最早对三人关系进行研究，因此三方关系也称为齐美尔联结。齐美尔认为，三者关系中，如果有一个充当第三者，而其余两者没有直接联系，这两者要发生关系就必须经过第三者这个节点。如图2-6中的行动者C在E和B之间充当第三方角色，因为E和B要发生联系必须经过C。具体地说，第三者的作用可以概括为：一是第三者的存在保证了当事人之间关系的融洽，即当一个中间人参与调停的时候，它实际上嵌入到了两个行动者之间，试图把二者结合起来，而恰恰在结合的过程当中，中间人将二者分开了（Simmel，1902）。二是第三者在二者之间建立桥梁，起到纽带作用。第三者的出现，使得二人关系出现转移或者调停，这在二方关系中是不可能出现的，这就是三方关系对于从社会网络的角度研究社会问题之所以重要的原因之一（Scott，1991）。刘楼（2008）指出，特别是在中国式关系社会中，很多重要的行动都发生在三个行动者（而不是二人）之间，这种情况就像"媒人"那样，在介绍完男女双方之后，媒人很可能抽身离去，他（她）的任务也告一段落，剩下的只是两位当事人之间的二人互动关系，但介绍之时"媒人"必不可少，否则两者之间没法认识。当然，作为社会关系基本形式之一——三人关系的类型还有多种分法，如卡普罗（Camplow，1968）的 8 种类型、霍兰德和林哈特（Holland & Leihardt，1970）的 16 种类型。根据关系的内容划分，分为情感关系、工作咨询关系和情报关系（Granovetter，1973），这一分析将在后面的内容中做详细介绍。

2.5.4 社会网络理论维度分析

社会网络分析方法有两种：自我中心社会网络（Ego‐Centric Network Analysis）和整体社会网络分析（Social‐Centric Network Analysis）（罗家德，2003），即基于个体层次的社会网络和基于整体的社会网络分析。自我中心的社会网络分析也称为个体中心网络分析，是针对微观个体层次的社会网络分析；整体社会网络分析也称为社会中心网络分析，是中观层次的社会网络分析。巴恩斯（Barns，1974）比较了两类社会网络的分析方法后指出，自我中心社会网络分析就是围绕某些特定的节点展开的，倡导的是以个体为中心的网络分析视角，主要测量个体在网络中的位置。对于整体社会网络分析方法，巴恩斯强调，整体社会网络分析关注的是整体的社会关联模式，关注的是整体社会网络的结构特征，考察社会网络的整体结构衡量的指标有中心势、密度等（Scott，2004）。本书关注的是组织员工个体的社会网络，是微观层次的网络分析，因此运用的是个体中心社会网络分析方法。在此，主要介绍个体中心社会网络分析的相关概念。

自我中心网络从个体出发，研究与之直接或间接的联结，找出以个体为中心的网络关系，或者以自我为中心的各种社会关系的指向。衡量个体在社会网络中的指标是个体在社会网络中的位置，用网络中心性来测量。个体网络中心性是测量个体在社会网络中的位置的重要指标，可以通过调查进行直接测量（Scott，2000）。中心性包括程度中心性、中介性和亲近中心性，其中，程度中心性、中介性是反映个体在网络中位置的最主要的两项指标，程度中心性又分为相对程度中心性和绝对程度中心性（罗家德，2003）。

程度中心性是一个人在某一个组织中的关系数量的总和，即一个行动者与其他行动者之间关系联结（Ties）的数量，用个体的社会网络规模来反映个体位置的重要指标。程度中心性的计算方法有两种：第一种是把某人的直接关系数量进行简单的算术加总，所得数目即为个体在本组织中的网络规模，为绝对程度中心性。在一个组织当中，个体的网络规模越大，说明个体在这个网络组织中拥有的关系越多，说明个体在这个网络中的绝对程度中心性就越突出，个体在这个网络中居于核心地位，核心人物的特征越明显。个体网络绝对程度中心性反映个体社会关系的多少，体现了个体获得资源、进行信息交流的渠道的能力大小。对于个体来讲，个体绝对程度中心性关注的只是个体直接联系的个数，间接联系的个体并不在本概念所描述的特征之内。个体绝对程度中心性并不关心个体所联系的个体之间的关系如何（Scott，2000）。也就是说，与特定个体直接联系的个体之间是否联系、联系的强弱以及联系的内容都不是该概念关注的内容。个体绝对程度中心性是衡量个体在社会网络中的位置的重要指标。但是，绝对程度中心性只适合网络内部的个体之间位置的比较，不能在不同网络之间进行个体网络规模的比较。如果要在不同网络的个体之间进行中心性比较，就需要有相对程度中心性指标，即第二种方法。相对程度中心性指将个体所在的网络中的绝对程度中心性除以该网络中最多可能的关系数得到的数值。当然，计算相对程度中心性采用特殊的软件对数据加以处理可以得到相应的结果。斯科特（Scott，2007）将个体网络规模称为点的度数（Degree），点的度数指的是某个特定的点能够直接联系的点的多少。如图 2-6，点 A 的度数为 4，点 B 的度数为 3，点 C 的度数为 2，点 D 的网络规模为 0。本研究为了进行个体之间社会网络位置的比较，使用的指标是相对程度中心性。在有向图中，某点的度数包括两个不同方面，分别称为点入度（In-degree）和点出度（Out-degree）。点入度指的是直接指向该点的点数总和；点出度指该点所直接指向的其他点的总数。点入度和点出度反映了居于社会网络中的个体所处的位置。

中介中心性指一个人作为关系媒介的能力。存在于两个互不关联的个体之间，处于中介位置的个体控制着其他两人的交流，拥有更多的获取资源的能力。对于这一点，结构洞理论给予了充分的解释。根据博特（Ronald Burt）的观点，在一个网络中若两个个体之间处于分隔状态，那么这两个个体之间就有结构洞，两个个体要进行联结，必须经过结构洞的媒介，我们称之为"桥"。居于结构洞的个体具有某种优势——他或者她能够从其中一位个体那里得到信息与另外一个个体进行交换。处于结构洞位置的个体因其提供信息以及协调独立的两个个体之间交流而为其增加价值（Galbraith，1977；Burt，1997）。罗家德（2004）指出，结构洞是反映个体作为媒介者的能力，也就是占据在两个人快捷联系方式上重要的位置，反映了高中介性的特征。如果它拒绝媒介，处于个体两端的两个人就无法沟通。而占据的中介位置越多，就越代表它具有很高的结构洞特征，越多的人联络时就必须通过他。结构洞程度高的人就掌握了信息流以及商业机会，进而操控处于两端的个体，获得中介利益。因此，结构洞的概念是社会网络分析中非常重要的概念。如图2-6，点C为E和B的中介，B为C和A的中介，也就是说，C、B分别是E和B以及C和A的结构洞。

亲近中心性是以关系距离为概念来计算一个节点的中心程度，关系距离越短即标志着离别人越近，则中心性越高；相反，距离越长，即表示离别人越远，则中心性越低。亲近中心性在通常情况下可以用相对程度中心性加以衡量（罗家德，2003）。因此，本研究中主要采用相对程度中心性和中介中心性。

个体网络中心性是个人结构位置指针，评价一个人重要与否、衡量他/她在社会网络中的地位的优越性或特权性、取得信息或资源的便利性以及社会声望等都用这一指针（罗家德，2003）。个体网络中心性对形成社会援助（Social Support）、社会控制（Social Control）、社会认知（Social Sense - Making）、增加资源获取（Access Toresources）能力以及产生相似的行为模式（Behavior Models）等有重要的影响（Borgatti, 1998）。个体在社会网络中的中心性决定了个体的资源获取能力，决定了个体获取社会资本的能力。中心性突出的个体，其资源和信息获得途径宽、控制力也强（Brass, 1985；Burt, 1992）。同时，个体的行为规范受到个体社会网络的影响，会产生同化作用（刘楼，2008）。

在企业组织内部，中心性反映了个体不同的网络地位，不同的网络地位决定了网络中个体的优势，反映了行动者在网络中权威的大小。权威是影响他人的能力（Goldhamer & Shils, 1939；French & Raven, 1959），个体的权威来自于行动者自发形成的社会网络及个体在非正式组织中的地位（Roethlisberger & Dickson, 1939；Gaudill, 1985；French & Raven, 1959）。非正式地位是行动者的个人价值、名声、荣誉以及尊重的总体评价。结构优势就是行动者中的联结多少。联结越多，程度中心性就越突出，行为者选择的交往对象或获取资源的途径就越多，因此就越有网络优势。刘楼（2008）在对非正式组织的研究中指出，探讨社会网络的结构洞，就意味着衡量行动者之间的权威大小。因此，社会网络中，权威是由个体社会网络中心性决定的，处在不同位置上的人，其权威是不同的。在社会网络中，中心性突出的个体，个体权威大，将会有更多的机会和渠道获取资源、信息，对资源和信息的控制力强、获得的途径宽，他/她的网络规模大，对他人的依赖少；相反，在社会网络中，中心性不突出的个体，拥有的关系少，个体对他人依赖多，获取资源和信息的渠道窄，对资源和信息的控制力很弱或者没有（Brass, 1985；Burt,

1992。转引自刘楼，2008）。博特的结构洞力量认为，在人际关系网络中，结构位置对网络成员的资源取得具有重要的影响，尤其是弱关系网络中桥的位置掌握着多方面的信息，从而拥有信息利益。

克拉哈特（Krackhardt，1992）将组织内员工之间的交流关系分为情感关系、咨询关系、情报关系和信任关系，相应的，个体之间所形成的网络分为友谊网络、咨询网络、情报网络和信任网络。友谊网络是基于情感的需要、进行私下交流而形成的联结关系结构；咨询网络是和工作有关的问题或建议的交流而形成的联结关系结构；情报网络是基于个体之间的相互信任进行信息交流，个体互相传递消息而形成的联结关系结构；信任网络可以用来解释"非日常性的问题"（Krackhardt，1992），是由个体之间相互交流产生的信任关系所形成的关系结构。咨询网是工具性的网络，由于工作需要而私下结成的，具有弱关系特征。友谊网络是情感网络，一般来讲需要交往频繁，才能形成，因此和信任一样有强关系特征（刘楼，2008）。罗家德（2005）指出，在中国式社会文化中，信任一般由情感产生，对信任网络的研究可用情感网络来替代，情感网络和咨询网络对员工行为影响较大，情报网络对组织员工的行为影响较小。因此，对组织内部员工的社会网络研究中，本研究用友谊网络中心性、咨询网络中心性两个维度来衡量员工个体网络中心性。

整体社会网络分析指在一定的社会网络范围内所有行动者的相互关系结构。整体社会网络是以网络的整体为研究对象，探讨网络整体结构特征。整体社会网络结构特征的主要指标包括密度、网络集中度、中心势和次团体的数量等。

密度描述了一个网络中各个点之间关联的紧密程度，用网络中实际存在的关系数目与可能存在的最多关系数目之比来测量。比值越高，这一网络的联结密度就越大，说明社会网络中的成员联系越紧密；反之，则越松散。网络集中度（Centralization）概念衡量的是某一网络围绕一个或少数几个行动者发生联结的程度，是反映整体网络特征的指标之一。利用网络中心度可以进一步探寻这些居于中心位置的行动者本身是否集结在一个结构中心内，或者该网络是否存在多个结构中心等。见表2-4。

表2-4　　　　　　　　网络密度的比较

网络图	⊠	□	⊔	⋮	⋮	⋮
相连的点数	4	4	4	3	2	0
内含度	1.0	1.0	1.0	0.7	0.5	0
度数总和	12	8	6	4	2	0
连线数	6	4	3	2	1	0
密度	1.0	0.7	0.5	0.3	0.1	0

[资料来源] 约翰·斯科特. 社会网络分析方法 [M]. 刘军，译. 重庆：重庆大学出版社，2007.

内含度指的是网络图中各类关联部分包含的总点数。换句话说，一个网络图的内含度等于其总点数减去孤立点的个数。在比较不同的网络图的时候，最常用的内含度测度表示为关联的点数与总点数之比。网络图的内含度越高，其密度就越大。

度数总和指的是网络中应该拥有的关系数目，如果不计方向，度数总和应该是其一半，也就是网络中实际的连线数。

由于本研究以员工为分析视角，分析员工在组织内部社会网络中的位置及其对组织公民行为的影响，因此，本研究中所涉及的正式组织结构、非正式组织结构以及组织内部的社会网络都是指向组织内员工个体的，关注的重点是员工在非正式组织社会网络中的位置。

个体在组织内部的社会网络中的位置由多因素影响形成。刘楼（2008）认为，职位等级、工作流、自我监控能力以及责任心等都影响员工个体的社会网络中心性。职位等级的高低决定了个人正式组织的结构位置，决定了个人在组织中的影响能力，从而影响了个体在非正式组织中的位置以及社会关系的规模，对员工咨询网络中心性和友谊网络中心性有正向影响。工作流网络由一系列的任务岗位构成。组织内工作流意味着该任务在工作流网络中和其他任务直接或间接联系的情况。处于中心工作岗位的员工具有更大的自主性，而且对其他人的影响更大，由此，员工接触的对象也就越多，范围也越广。在性格特征影响中，刘楼认为，自我监控性、责任心有利于友谊网中心性和咨询网中心性的形成。

2.6　社会网络分析的应用及相关理论

2.6.1　社会网络分析的应用

社会网络分析作为一种社会学研究范式，在我国社会学研究中虽然起步比较晚，但正在越来越受到关注。尤其是近两年来，对社会网络的研究及运用越来越广泛。如刘军的《法村社会支持网络研究》（2005），从整体视角利用社会网络分析的方法对黑龙江省一个村落的社会支持网的整个结构进行了研究；刘楼的《组织内社会网络、结构洞与工作绩效》（2008）对组织内员工的个体中心网络进行了分析，以自我中心网络分析的方法，将员工中心位置作为前因变量，研究其对工作绩效的影响。总体上来说，社会网络分析方法在国内属于比较陌生的领域，尤其是将其用于企业组织内部员工行为研究更是少见。

社会网络分析在管理学研究领域得到了广泛的应用，对很多具体的可测量的解释变量提出了有效的解释。正如美国著名的社会学家贝弗莱斯（Bavelas，1948）所指出的，一个个体支配其交往网络的程度及该组织的集中化程度会影响组织的效率、士气，也影响到每个行动者的认知及行动。怀特（White，1970）的"机会链"理论

(Opportunity Theory),解释了企业内部劳动力市场的特点以及员工内部升迁问题;格兰诺维特(Granovetter,1973)的弱连带优势理论(The Strength of Weak Ties),对劳动力市场的求职和转职做了许多讨论;格兰诺维特的嵌入理论(Embeddedness Theory,1985),则以信任与交易成本作为中介变量,探讨了组织结构形成的因素。另外,博特(Burt,1992)用结构洞理论(Structural Holes)对组织内权力的运作以及升迁的过程做出了十分有价值的理论贡献。管理学者克拉哈特(Krackhardt,1992)提出强连带优势理论(The Strength of Strong Ties),分析了情感网络如何带来非正式影响力,进而影响了员工行为,如离职、工作满意、团队合作等行为。博特(1992)和林南(2001)均强调了个体在网络结构的位置可以影响个人在组织中资源的获得,从而影响其离职意愿。社会资本理论(Social Capital Theory)则把资源取得当成中介变量,以社会网络解释了求职成功的原因(Lin et al.,1981)。

目前,社会网络分析在管理研究的应用主要表现在创业研究、员工知识共享以及社会网络对组织公民行为、组织绩效影响等方面。创业研究者认为,社会网络对于创业者的影响应该是两个方面的,一方面,社会网络为创业者提供了取得资源和信息的通道与机会,创业者的社会网络规模越大、结构洞越强、密度越大,创业者通过社会网络取得的信息、资源就越多,创业成功的几率就越大;另一方面,研究者认为创业企业中员工初期社会网络更多地体现其工具性用途,员工的组织公民行为更多地体现在资源、信息和解决问题上的相互帮助,情感网络关系影响力比较弱。Hite(2003)指出,创业者在创业初期,更多地需要资源、信息和市场的机会,创业者(包括创业企业中的所有员工)为了创立和发展企业,寻求资源的帮助,员工之间更多地表现为工作中的相互帮助,即咨询网络特征更为明显。知识分享研究认为,知识的分享更多地体现在扁平化组织中的团队合作中,团队的合作促使员工之间进行更多的交流,组织内的社会网络为员工提供了相互合作和相互促进的舞台，通过员工的相互帮助来共同促进组织绩效的提升。不像西方文化中工作关系与生活关系相互不受影响，在中国文化背景下，员工之间的合作和交流呈现全方位的特点，尤其是个人之间的关系往往被扩大化了，不仅表现为工作经验的相互分享，还表现为生活上的相互帮助，因而员工之间的网络关系既有咨询关系，也有友谊关系和信息关系（樊景立，1998）。有研究者认为，在团队合作中，知识创新有赖于组织结构、内部员工之间咨询网络的协调（Hasson，1993）。

刘楼（2008）在对个人绩效的研究中指出，社会网络对个人绩效的影响研究越来越趋向于结合网络结构特点以及网络关系内容和类型来进行研究，并越来越注意到个人在非正式网络中的位置。如图2-7所示。

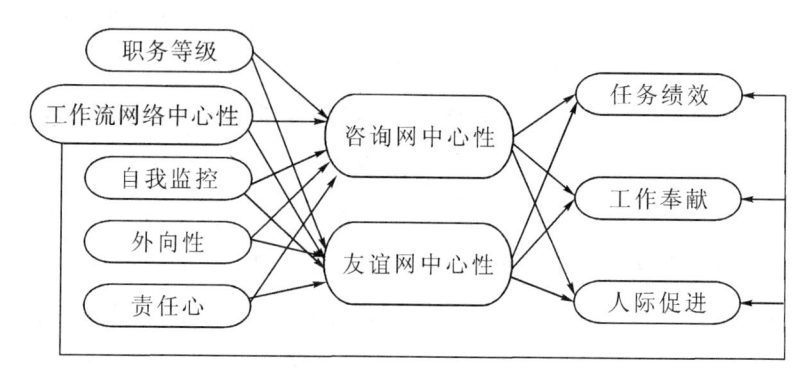

图2-7　组织内社会网络、中心性与工作绩效研究模型

［资料来源］刘楼.组织内社会网络、中心性与工作绩效［M］.广州：中山大学出版社，2008.

2.6.2　非正式组织理论

组织内社会网络分析是社会网络分析在企业组织理论和员工行为研究中的具体应用。在组织内部，非正式组织才是根据相同的爱好、共同价值观等具有共同特征的个体自发地组成的社会网络关系。

非正式组织中才具有社会关系的诸多特征,因此,组织内员工社会网络分析首先是从分析组织中非正式组织的特征开始的。

任何组织内部都存在正式组织和非正式组织。社会网络分析专家斯科特(Scott,2002)指出,组织的社会结构并不只是正式结构加上个体参与者的独特信仰和行为,而是包含了正式的和非正式的组织结构。非正式生活本身就像正式结构一样有序地架构起来。非正式组织总是随着正式组织的产生而产生(李艳、朱正威、王静华,2003)。这是因为正式组织自身的局限性导致非正式组织产生和存在的外在原因。正式组织本质上是一种科层制,它追求的是效率、理性,是一种"经济"结果,每个人都是这一体制中的"螺丝钉",员工被当成机器而物化了,因此,组织成员多层次的需要成为非正式组织产生的内在原因及组织发展的必然。但是员工却不完全是理性的,进入组织的员工有社会性的需要和追求共性的欲望(F. J. Roethlisberge and W. J. Dickson, 1939; Festinger, et al., 1954; Gerald H. Graham, 1971),员工参加非正式组织从某个意义上讲就是为了满足自己的需要。非正式组织自身的特点也是其产生和存在的又一个重要原因。梅奥(1936)认为,正式组织是为了有效地实现目标而规定了成员的相互关系和职责范围的组织体系。非正式组织是相对于正式组织而言的,是企业员工在共同工作的过程中,由于抱有共同的社会感情而形成的非正式的团体,是按照价值观、准则、信念和非官方的规则建构的人群集合体。组织学家戴维斯(1935)把非正式组织描述为:"非正式组织并不是由正式组织建立或需要的,是由于人们互相联系而自发形成的个人和社会关系的网络。"①切斯特·巴纳德在《经理人的职能》(1938)中提出,正式组织内部存在着若干成员,由于生活接触、感情交流、利害关系一致,从而产生交互行为和共同意识,并由此形成自然的人际关系,价值观

---

① 戴维斯,陈兴珠,罗继. 组织行为学[M]. 北京:经济科学出版社,2000.

念、志向理想、兴趣爱好、个人经历以及社会交往等因素成为人际关系的纽带。可以看出，非正式组织指员工为了某方面的需要而自发形成的社会关系网络。在非正式组织理论被引入员工行为管理研究后，为组织员工的行为分析提供了新的空间。

巴纳德指出，正式组织和非正式组织是孪生的，两者之间有着密切的关系：①非正式组织为某些正式组织的产生创造条件；②正式组织中必然存在着非正式组织，并且同一个正式组织中可以并且通常存在多个非正式组织；③正式组织和非正式组织共同维护组织的正常运行。同时，当非正式网络成员积极配合和支持组织工作时，将在员工之间产生更融洽的配合和更高的生产效率，增强员工的安全感和归宿感，从而创造更加积极高效的工作团队。巴纳德强调，一个组织总体上是由各种各样的正式组织构成的，组织的稳定运行要靠正式组织来维护，正式组织是组织的明确的构造材料，它们是使得人们的社会结合具有足够的一贯性以便持续下去的支柱。而正式组织运行的高效既需要非正式组织的补充，又要依赖于非正式组织来调节才具有活力，二者相互依存，缺一不可。没有非正式组织，正式组织便失去了信息交流的渠道，失去了组织的凝聚力，失去了对个人的保障。而没有正式组织，组织就会形成一种近乎彻底的个人主义和无秩序的状态。非正式组织可以对正式组织目标的达成起促进、限制和阻碍三种作用，正式组织的结构形式影响员工在非正式社会网络中的位置。社会网络具有自发性、内聚性和不稳定性等特点，为组织内员工提供了沟通渠道（Tony Jewel, et al., 2004）。这一渠道既可以是由于工具性的和工作相关的问题或建议的交流而形成的关系结构，又可以是情感的沟通或为员工的不满提供宣泄的机会和渠道，从而起到"安全阀"的作用（涂红星、紫景山，2005）。

有关组织内非正式组织至今所使用的名称并不完全一致，甚至有些混乱。社会心理学者将其称为"非正式群体"，管理学者多使用"非正式组织"一词。复旦大学苏东水（1998）使用的是"非正式团体"这一名称,他对"非正式团体"概念的解释是:"团体是由两个或两个以上的人组成的,团体内的成员在工作上互相依附,在心理上彼此意识到对方,在感情上互相影响,在行为上有共同的规范。非正式团体一般由于某种相同的利益、观点、社会背景及习惯、准则等原因而产生,是与人类需要的因素结合而产生的。"同时,苏东水指出,组织中非正式团体的特殊规范会影响个体的行为。管理学家周三多教授在《管理学——原理与方法》一书中,对非正式组织的产生做了精辟的论述:"非正式组织是伴随着正式组织的运转而形成的。在正式组织开展活动的过程中,组织成员必然发生业务上的联系。这种工作上的接触会促进成员之间的相互认识和了解。他们会逐渐发现其他同事与自己存在相同的特征,如共同的价值观、爱好等,从而相互吸引和接受,并开始建立工作以外的关系。"尽管学者们对"群体"、"组织"和"团体"三个名词之间关系的认识并不一致,本研究认为,"非正式群体"、"非正式组织"、"非正式团体"由于学者们的研究方向、侧重点的不同而在其内涵与外延上存在一定的差异,但从根本上说他们所指代的都是同一部分人的集合,所以,本研究将员工非正式组织和组织内员工社会网络作为同一个概念来使用。

在非正式组织内部,企业员工具有较强的同质性,组织成员比较容易得到相互之间的认同,从而产生友谊感和归宿感。在中国传统文化背景下,更易滋生非正式组织的社会网络。社会学家梁漱溟在《中国文化要义》中指出,中国文化归根结底是关系文化,关系影响着人们之间交流的内容和特征,也影响着人们的社会行动。随着组织面对的环境的不稳定性增加,要求高度结构化的正式组织必须以极大的灵活性来应对环境。组织与环境之间交流的界面越来越宽,这对非正式组织社会网络中的每一个员工的相互交流起了积极的促进作用,员工之间的非正式的交流和合作将弥补组织正式结构在应对复杂环境时的不足,从而促进组织的发展。事实也是如此,任何组织都是正式组织和非正式组织这两种形式伴生的（梅奥、孔茨，2003），随着企业环境的变化、企业组织结构的变化、正式组织的结构化程度的降低，相应的员工非正式组织网络关系将更加繁荣。

非正式组织以组织内人际关系为内容和特征。事实上，更多的学者将组织内非正式的人际关系网络扩展为人际社会网络的一部分，认为非正式组织是一种社会关系网络，非正式组织具有社会网络的基本特征（John D. Stanley，1956；Krackhardt & Hanson，1993）。非正式组织是由于政治、友谊和共同兴趣而形成的网络结构，因而非正式组织存在于组织中的相互影响的渠道和各种关系之中，这种渠道和关系反映了组织的不同特点和文化。麦科姆·格罗特（2000）认为，非正式组织中包括两种内容的网络：其一是以工作为主要内容的工作网络，与组织规定的工作内容要求无关，是由员工自发地建立起来的网络关系，人们在他岗位的周围建立起与工作相关的网络关系，来提高他们在关系圈中的地位，以获得更多的与工作相关的信息、资源，取得工作上的成就，获得更多的发展机会，这一工作关系网络一般限定在自己工作的组织范围之内；其二就是社会交际网络，人们由于有诸多的共同点，相互之间容易产生认同和信任，容易建立情感网络关系。针对中国文化背景下的人际关系内容，黄光国（1988）指出，在人际交往中，工作内容和社会交际内容不能截然分开，工作中的关系势必影响社会交际，社会交际同样影响工作关系，两者是统一的。梅奥（1932）认为，组织内部员工的社会关系只能通过员工的社会网络来反映。在非正式的组织关系中，每个成员都有一定的社会地位，虽然没有明文规定，但人人都能自觉遵守，形成了人与人之间比较稳定的情感关系，非正式组织关系信奉的是情感逻辑。我们必须认识到，现代管理活动并不完全是在组织结构下进行的。

非正式组织打破了部门、车间等正式组织规定的"小组织"界限。巴纳德在其经典著作《总经理的职能》（1938）中认为，任何没有自觉的共同宗旨的群体活动，即使是有助于共同的结果，也是非正式的组织。从社会网络关系角度，就一个组织上的问题求助于你认识的人，即使他或者她在另一个部门，也要比求助于你只是在组织结构图上知道的人容易得多。在员工的社会网络中，员工之间由于生活接触、感情交流，未经人为设计规定而产生交互行为和共同意识，并由此形成自然的社会网络，价值观念、志向理想、兴趣爱好以及社会交往等因素成为这种人际关系联系的基础条件。组织行为学认为，非正式组织中人们的行为主要是由心里默契的行为规范和标准来约束的，并在一定程度上共同承担这些行为所带来的后果（徐碧琳、刘昕，2004）。

这里要进一步强调的是，随着经济的发展，企业为了面对日益剧烈的竞争，组织体制发生了重大变革。组织体制、管理内容以及员工行为方式都有相应的变化，组织层级越来越少，组织由科层制向扁平化、矩阵式发展，员工之间需要更多的交流和帮助，团队相互协作成为组织中重要的合作方式，非正式组织变得越来越重要了（罗宾斯，2004）。见表2-5。

表2-5　正式组织与非正式组织的特征比较

关键特征 \ 组织形式	正式组织	非正式组织
规范的基础	雇佣关系	互补优势
沟通的手段	程序、命令，纵向沟通	员工之间相互交流，非命令式，横向沟通
组织氛围	正式、官僚化	没有明确的限制、共有利益
内部运行保证	明确的规章制度	靠员工的自我约束
权力来源	外界赋予	内生权威
内部权威类型	职权和工作分工	主要是威信

[资料来源]　笔者根据相关文献整理。

2.6.3 员工层次社会网络分析

非正式组织的实质就是企业组织内员工的社会网络，就是员工自愿建立的一种可靠的、由感情纽带联结的关系网（Redding，1993）。组织内员工社会关系的存在，使得组织内员工能够跨越部门、小组而产生社会互动，跨越了部门之间、小组之间的界限。因而，一个企业组织就像一个社会网络群体一样，群体中的成员之间所形成的社会关系就可以看成人们之间的社会关系在组织中的体现，只是在形成原因、表现形式等方面有其独特性而已，这也是社会网络分析能够在组织内部成员关系研究中得到应用的主要原因。

在组织内部，员工的社会关系表现为上下级关系和同事关系两种基本的关系（陈荣德，2004）。现代领导—成员交换理论（Leader - Member Exchange Theory，LMX）认为，领导在与下级交流的过程中，也会形成与自己有共同特征的小圈子，在这个小圈子内的员工与领导形成比较好的社会关系，圈子里的员工的工作态度更积极、服务承诺更高，小圈子里的员工能得到更多的信息、提升的机会，上下级之间更容易产生信任，更容易相互帮助、相互支持，并具有组织公民行为。同事交换理论（Co - workers Exchange Theory，CWX）解释了具有同等地位的员工之间的关系，包括领导与领导之间、普通成员之间的关系。同事之间在共同特征的基础上建立了平等的社会关系，同事之间因某种需要进行交流，包括信息、资源和情感交流，他们在相互交流的过程中，以信任为基础，以平等为最主要的表现特征，形成社会关系网络。

组织内员工关系的形成受多种因素影响。组织内员工之间关系的建立，实质上是角色赋予、角色发现、角色缔造和角色执行的过程（刘楼，2008）。也就是说，被组织赋予角色的员工会按照组织的制度安排，完成工作分内的任务，即员工角色内的表现。在工作交流的基础上，员工会逐步发现与自己有共同特征的其他员工，并产生交往的愿望，这也是角色发现的过程。在相互了解并认同的基础上，会产生互利行为，如相互帮助、相互解决共同遇到的问题，即角色缔造行为——这些员工之间互利的行为并不是组织规定的，是员工工作外的表现，因此也称为角色外行为。当这种关系继续发展时，相互之间就会产生信任、承诺，相互之间的关系不再只是单纯的工作关系，还会衍生出情感关系等，两人之间的关系就会变得更加稳定，对外也表现出一致性。角色发现和角色期望推动着组织内员工社会关系的形成。这一形成过程呈现出不断变化的过程，不但发生在组织内上下级之间，而且发生在同事之间。这种员工之间的社会关系互动的结果体现在正式组织和非正式组织当中。

提契等人（Tichy et al.，1979）提出，组织内员工社会关系包括与工作相关的技术交往、与组织管理相关的政治性交往、与共同价值观相关的文化交往。克拉哈特和汉森（Krackhardt & Hanson，1993）认为，为了对组织内员工的社会交往进行恰当的分析，需要考虑以下几种网络关系：咨询网络，确立谁在组织中拥有技术和技能；信任网络，揭示朋友和情感关系；沟通网络，可以明确显示组织中所有信息的网络。特恩里德（Torenvilied，1998）指出，组织内员工关系分为工具关系、权威关系和朋友关系三类。员工关系内容带有明显的社会性，这其中的原因就是非正式组织的建立本身就是员工为了满足社会性的需要，是企业发展目标和实现个人需要而共同作用的结果（Rebecca Marschan，1996）。Christian Waldstorm（2001）将组织内员工关系内容概括为四个方面的内容，如下表2-6所示：

表2-6　非正式组织员工社会关系的四项主要内容

情感关系 朋友、信任和亲密的私人关系	政治关系 员工之间施加影响、表达权威
生产关系 交换技术、交流知识和创新、思想交流	文化关系 沟通、表达价值观、提供更深层次的信息

[资料来源] Christian Waldstorm. DDL Working Paper, No.2, 2001.

正式组织因素和非正式组织因素是产生员工互动、形成员工社会关系的基础和条件。员工在非正式组织中的位置由员工在正式组织中的位置和个体本身的特征决定。具体描述为，正式组织因素可以看成正式组织结构因素，表现为纵向的职务等级因素和横向的工作流因素。个人因素包括个性因素和人口学因素。这两者都可以看成影响组织内员工社会关系的原因（Malcolm Groat, 1997）。人口学因素包括年龄、工龄、性别和籍贯等对于员工有客观性的因素，在组织内部，某些个性因素被同化、被消磨，无法完全表现出来，个性对员工行为的影响以及社会关系的形成促动作用是有限的，因而在研究中可以不考虑。本研究认为，这一因素尽管不能被同化，但在世界经济飞速发展的今天，我国开放的市场经济不断迈向深入，企业面临的竞争环境也在不断变化，科学技术的不断创新等因素要求企业组织体制不断革新、员工知识不断更新，基于经验的积累传授被新的知识共享替代，企业发展要求员工摒弃传统的工作方式代之以追求创新的理念成为现代企业的共识，因此工龄、年龄对员工之间的交往的积极影响也是非常有限的，甚至会成为员工交流的障碍。另外，笔者认为员工籍贯差别也只不过是我国在一定历史条件下的产物，随着经济的发展，随着市场经济的深入发展，员工籍贯的不同已经不构成一个影响因素。

总体上，人们研究组织内社会网络位置的指标还主要在情感网络和信任网络两个方面（罗家德，2005；刘楼，2008）。因此，本研究也采用了他们的做法，主要从情感网络中心性和咨询网络中心性两方面描述员工个体中心网位置。

2.7 组织公民行为理论

2.7.1 组织公民行为概念分析

西方学者对组织公民行为的概念研究已经取得丰硕的成果，在企业实践中也得到了广泛应用（Podsakoff, 2000）。对组织公民行为的理解目前有三个相近的概念容易与其混淆，需要首先明确。这三个概念是亲社会行为（Brief & Motowidlo, 1986）、组织自主性（Geoge & Brief, 1992; Geoge & Jones, 1997）、关系绩效（Borman & Motowidlo, 1993）。对于这些概念，研究者们认为它们对行为内容的描述基本相似，但含义有所不同，尽管都是相关于个人自主的行为，都直接影响个人绩效（Podsakoff, et al., 2000）。在此，笔者根据前人研究的成果，对这三个概念做简单的介绍，以利于对本研究的核心概念——组织公民行为的理解。

亲社会行为（Prosocial Behavior）是较为宽泛的个体行为描述。这种行为的对象指向同事个体，对组织是否有好处员工并不一定关心，关心的是这种行为的实施是否对员工个体有益。如帮同事掩盖工作上出现的过失等。这个做法能够帮助同事避免应有的惩罚，但对组织不仅没有积极的意义，反而可能有坏处——它对同事有好处，同时加深了同事之间的关系。这种行为与组织公民行为不同之处在于组织公民行为强调的是对组织有利的不在组织正式规定之内的行为，相同之处在于二者均有对个体的行为内容，都是超角色行为。因次，亲社会行为这一行为与组织公民行为有明确的区别。

组织自主性（Organizational Spontaneous）包括受到和没受到组

织奖励系统识别和反馈的行为,既包括组织规定的行为,也包括组织的超角色行为。它与组织公民行为的共同点在于行动主体都是员工,不同之处在于后者只指不能够直接为组织奖励系统规定的,属于组织规定外的行为。随着研究的进一步深入,人们发现,组织自主性的影响机制可以用组织公民行为加以概括。因此,Podsakoff 等人(2000)认为这两个概念区别不是很明显,分别探讨的意义不大。因此,这一概念可以归并到组织公民行为范畴中进行研究。

关系绩效(Texture Performance)也被称为情景绩效,是相对于任务绩效而言的。有研究将组织绩效分为任务绩效(Task Performance)和关系绩效(Texture Performance)两种。任务绩效表现为工作绩效(Job Performance),关系绩效包括人际促进(Interpersonal Facilitation)和工作奉献(Job Dedication)两个核心要素。关系绩效指一种心理和社会关系的人际一致行为,涉及员工职责范围外自愿从事的有利于组织和他人的活动,因此关系绩效表现为员工的超角色行为。Motowidle(1996)确定了五类表现关系绩效的行为:主动地执行超越职责范围以内的工作;在工作时表现出异常的工作热情;工作时帮助同事、积极合作;自觉地严格执行组织的规章制度;履行、支持和维护组织目标。关系绩效与组织公民行为的多项指标存在一致性。正像 Organ(1997)指出的,可以以关系绩效的定义来重新界定组织公民行为,因为两者之间有着相似的内涵,差别可以忽略不计。但在实际应用中两者往往是分开的。在考核组织的绩效影响时,往往强调的是关系绩效,在分析员工行为时,强调的是组织公民行为,其侧重点在于是否对个体有利。因此,有研究也将组织公民行为作为绩效考核的一部分,因为组织公民行为与任务绩效是不同的概念范畴(Podsakoff, et al., 2000)。

基于以上的概念分析,本研究认为组织公民行为是一种超角色行为,具有自愿性和非正式性。Bateman 和 Organ(1983)在其提出的组织公民行为的定义中也充分体现了这一点。他们认为,组织公民行为是一种员工的随意行为，在正式的奖励制度中没有直接或明显的规定，但行为的实施能从整体上提高组织绩效，促进组织发展。Bateman和Organ进一步解释说，所谓随意行为，指不是企业强制性的或对员工职责有明确规定要求的行为，是超越组织规定的员工自发地实施对组织有利的行为，即超角色行为。

由此可以看出，组织公民行为有两个基本特征：①有益于组织的行为，即组织公民行为是一种有利于促进组织绩效的员工行为，对组织的整体利益有积极意义；②组织公民行为具有随意性（Discretionary）和自发性（Spontaneous），即组织公民行为必须是员工自觉自愿表现出来的行为，不是组织规定的，不具有强制性。这里的随意性和自发性指员工行为不在正式奖惩制度赏罚的范围之内，不在企业制度性的要求范围之内，即使不实施，也不会受到组织惩罚，实施后也不会得到企业制度性的奖励。因此，组织公民行为是超角色行为的一部分，但超角色行为不全是组织公民行为，因为只有对组织有利的超角色行为才是组织公民行为。

近年来，有研究者认为，超越角色的行为应该被视为工作的一部分。对于哪些属于组织规定内的行为、哪些属于超角色行为，不同文化背景下的员工对其认识也不一致。Morrison（1994）在一项实证研究中发现，组织公民行为的许多内容与员工自己认为的工作角色内行为有重合。樊景立（1997）指出，员工对组织公民行为的认识在不同的文化背景下有所不同，这在许多跨文化实证研究中已有论证。也有研究认为，管理人员评价员工绩效时，往往把员工的组织公民行为也作为考核的一个标准，同样影响员工的晋升、培训、奖金分配等管理决策（Podsakoff et al., 2000）。这与Organ等人（1983）对组织公民行为的概念解释不一致。基于此，Organ（1988）指出，将员工行为分为角色内行为和超角色行为即组织公民行为只是为了简化问题，两者之间并无绝对的界限，组织公民行为只是较少地得到正式奖励系统的奖励的超角色行为。因而，Organ（1997）

对组织公民行为概念进行反思后指出,员工角色"内"、"外"行为的内涵是动态的,是在不断地变化的,"角色外"、"不为正式奖惩制度奖励"等的概念界定不是很恰当。但是,组织公民行为与任务绩效之间存在明显的区别,对员工的行为,区分为角色内行为和角色外行为,不仅在员工行为理论研究中有特别的意义,在激励员工行为的具体实践中也有重大意义。这是因为,一方面,组织公民行为与核心工作相比,有更大的自发性,能更好地被态度和个性测量所预测,与正式制度规定的角色内行为相比,组织公民行为的影响因素截然不同,对组织的发展的促进作用也与角色内行为不同;另一方面,随着经济的发展,企业面临的经营环境越来越复杂,社会分工越来越细,需要企业、员工面对的问题也越来越多,企业对员工的行为无法也不可能详尽地做出规定。因此,员工自发地为组织发展献计献策、帮助他人以创新地工作以及主动地与他人合作将成为企业增强竞争力的重要动力(德鲁克,1995)。基于此,西方学界对组织公民行为的研究得到迅速发展,在实践中也得到了广泛应用。Weer和Organ(Weer,2000;Organ,1988)进一步明确了组织公民行为的定义,认为组织公民行为是员工自愿的个体行为,组织内的正式奖励机制并没有正式地或直接地规定这种行为,但这种行为在整合后可以促进企业发展,在整体上提高组织绩效。在本研究中也沿用这一定义。

2.7.2 组织公民行为维度分析

国外对于组织公民行为的维度研究较多,但存在较大分歧,还没有形成统一的看法。目前比较关注的有二维结构、三维结构、四维结构、五维结构和七维结构等分析,其中比较著名的还是Williams和Anderson(1991)的二维模型、Organ(1998)的五维模型和Podsakoff等人(Podsakoff et al.,2000)的七维模型。

Williams和Anderson(1991)将组织公民行为分为二维结构,即指向个体的组织公民行为（OCB - Individual，OCB - I）和指向组织的组织公民行为（OCB - Organization，OCB - O）两个层次。指向个体的组织公民行为也被称为人际公民行为。这种特定的组织公民行为表现形式，指的是个体在人际互动的情景下自愿表现出来的助人、利他等行为，能够直接或间接地提升其他个体的工作有效性并最终对群体或组织有所贡献，如帮助他人解决家庭困难，使其能够安心工作。指向组织的组织公民行为指直接针对一个团体或组织整体作为行为的对象的行为，如自觉维护组织形象、维护本部门或本组织的和谐、维护企业财产不受损坏及保持组织环境整洁等，能够直接对团体或整体组织的发展起到积极作用。

　　组织公民行为的二维分法得到了广泛的研究和应用。美国学者Bowler（2000）基于社会网络分析的视角，对人际公民行为做了较为系统的研究。在组织公民行为的前因变量影响因素的研究中，Bowler将人际公民行为分为组织公民行为实施（Performance）和接受（Reception），并将员工组织内的社会网络关系分为六个维度。Bowler在其研究的不足中指出，组织内员工的社会网络是否对基于组织的组织公民行为有影响，在今后的研究中也是一个重要的研究部分。我国学者吴志明（2005）在研究组织团体绩效和成员满意度时，也采用了组织公民行为的这一分法，指出助人行为、维护人际和睦等这些人际层面的组织公民行为对团体绩效和团体成员的满意度具有积极的影响作用，基于组织的组织公民行为也具有相同的作用。有的研究（郭晓薇，2004；罗明亮，2006）对组织公民行为并没有进行维度分析，而是从社会交换理论和印象管理角度分析指出，直接针对他人的组织公民行为，尽管不是直接针对组织的，而是帮助企业中的朋友或者是为了给同事留下好印象而去帮助他人，但这种行为最终会对组织有利；同时指出，有些员工为了维护组织的利益，可能会主动地抵抗不利于组织的行为，或主动地以其他形式维护组织的利益,这也是组织公民行为的一部分即指向组织的公民行为。

本研究认为,采用指向组织和指向个体的组织公民行为两个维度分类显得比较笼统和概括,在具体的内容分析中还要在此分类的基础上进行更详细的维度分解,尤其是在做实证性的研究时非常有必要,同时也更具有现实的指导意义。Dennis 和 W. Organ (1997) 认为,最初的二维度模型是最稳定的分类,并且是以后形成复杂模型的基础,但在进行实证研究时,这样的分类显得不太具体,需要进一步分析。

Podsakoff 等人 (Podsakoff et al., 2000) 在其文章 Organizational Citizenship Behavior: A Critical and Empirical Literature and Suggestions for Future Research 中,对 2000 年以前的组织公民行为研究进行了系统的总结。通过这篇文章,我们基本可以对 2000 年以前的该领域研究有一个近似全貌的了解,该文章也被视为组织公民行为研究的一个里程碑。该文章对研究成果进行了梳理,认为组织公民行为维度可以用七维分法,即运动员精神(Sportsmanship)、组织忠诚(Organizational Loyal)、组织遵从(Organizational Compliance)、个人主动性(Individual Initiative)、公民道德(Civic Virtue)、助人行为(Helping Behavior)、自我发展(Self - Development)。对于运动员精神、组织遵从、组织忠诚和公民道德四个维度在表 2 - 7 中已有解释。下面就个人主动性、助人行为和自我发展做比较详细的解释。

个人主动性也被称为积极主动性,包括三个方面的内容:第一方面指个体能够主动自愿地开发新的和采用有效的手段或方法完成工作要求,第二方面指自愿从事与工作相关且超出组织要求的工作,第三方面包括鼓励组织内其他同事完成相应的工作(Podsakoff, et al., 2000)。个人主动性还包括个人工作中勤奋努力(Graham, 1989; Moorman & Blackly, 1995)、主动积极承担额外工作(Van

Scotter & Moto Widlo, 1996)、提供建设性的意见或主动地维护组织形象，宣传组织产品等（Geoge & Brief, 1992；Geoge & Jones, 1997；Podsakoff, et al., 2000；Graham, 1991；Van Dyne & Dienesch, 1994；Tapper, Lockhardt & Hoobler, 2001）。

自我发展是组织公民行为的重要维度（Podsakoff et al., 2000）。自我发展指员工积极主动地提升自己的知识水平和工作技能，以更好地适应工作发展的需要。如利用业余时间自觉学习或参加培训，以提升自己的知识技能，并通过各种形式开发自己的潜能，以为组织做更多的贡献。有实证研究表明，这一维度虽然在国外组织公民行为的研究模型中并不突出，但在中国情境下是一个十分重要的变量（郭晓薇，2004）。

助人行为是组织公民行为中最重要的一个维度，几乎所有的对组织公民行为维度的分析都将其作为重要的一部分（樊景立，1998）。助人行为指个体自发地帮助他人完成工作相关的行为，对个人有益，并对组织产生直接或间接的积极影响（Williams & Anderson, 1991）。

目前在西方研究中，采用较多的还是Organ（1998）所提出的五维结构模型：利他行为、事先知会、运动员精神、责任意识和公民美德，后来大多数学者的量表都依据五维结构设计，这五个维度在表2-7中都有解释。

表2-7　　西方文献中组织公民行为的维度研究

维　度	维度解释	来源
利他主义	员工自发地帮助他人解决与组织相关的任务或问题，也包括员工之间的相互帮助	Smith et al., 1983；Organ, 1988；Podsakoff, et al., 1990；
责任意识	这种行为对组织来说是必需的，具体指在参与组织活动、遵守组织规章制度方面尽职尽责，也包括个体的勤奋	Smith et al., 1983；Organ, 1988；Podsakoff, et al., 1990；

表2-7(续)

维　度	维度解释	来源
运动员精神	在工作中任劳任怨,不抱怨、不放弃,执着,直面来于其他方面的不愉快,不轻易否决别人的意见,甚至为了团队的利益牺牲个人的爱好和兴趣	Organ, 1988; Podsakoff, et al., 1990;
事先知会	帮助他人避免问题的发生,即在问题发生之前有远见地告诉他人、对他人尊重等	Organ, 1988; Podsakoff, et al., 1990;
公民道德	积极参加企业的政治生活,包括发表自己的意见、阅读内部文件、参加会议和了解企业中的重大事件	Organ, 1988; Podsakoff, et al., 1990;
职能性参与	参与者在团队中积极主动,充分发挥自己在团队中的职能角色,员工注意力集中在团队内部而不是外部	Van Dyne et al., 1994
提倡性参与	行为的目标在于鼓励他人积极参与讨论,诸如鼓励他人积极参加讨论,在开讨论会时鼓励他人积极发言	Van Dyne et al., 1994;
组织忠诚	对外树立组织良好形象,保护组织免受外来威胁,即使在逆境下也同样如此	Van Dyne et al., 1994; Graham, 1989; Geoge & Brief, 1992; Podsakoff, 2000
观点表述	积极地对组织的发展提出意见和建议而不是责备组织	Van Dyne et al., 1994

[资料来源] 笔者根据樊景立等人的 Organizational Citizenship Behavior of People's Republic of China (2004) 文献翻译整理。

从目前西方学者对组织公民行为的研究来看,不管二维结构模型、七维结构模型还是五维结构模型,都是以北美社会为背景的研究,而在其他社会文化背景下的研究较少。因此,西方学者们在研究时把文化背景等因素当成常量加以考虑(Podsakoff, 2000)。而实际上,组织公民行为受到不同国家和地区社会文化背景和时代特征等因素影响,即使在同样社会文化背景下的同一行业、同一技术工作（技能）以及社会环境下，在时代发展的不同阶段，组织公民行为的性质、意义及其影响的因素也会有不同（Geoge & Jones, 1997；郭晓薇，2004）。因此，本书研究的对象是中国企业的员工，组织公民行为研究的首要任务就是探索在中国文化背景下，并结合当前市场经济发展的时代特征来分析组织公民行为内容、特征、结构、维度及其影响因素（郭晓薇，2004）。对组织公民行为的本土化研究是本书的重点之一。

国内对组织公民行为的研究起步较晚，但正逐步得到重视。国内对组织公民行为的研究从一开始就强调了借鉴西方研究成果，同时注意本土化问题，既强调文化背景的不同，又突出社会发展的时代特征的影响。在跨文化的研究中，最有代表性的是香港大学的樊景立教授（1998）。他对中国文化背景下的组织行为概念及维度进行了比较系统的分析，奠定了在中国文化背景下这一研究领域的基础。樊景立教授对组织公民行为的研究主要分为两个部分，一部分是对20世纪90年代台湾地区员工的研究，另一部分是对大陆地区员工行为的研究。[①]

他在1997年以台湾地区员工为样本的分析中得出5个因子，并以因子载荷高的条目构成22个测量项，将其作为中国台湾组织公民行为量表。这5个因子也因此被当成台湾地区文化背景下的组织公民行为的5个维度，分别为组织认同、敬业精神、帮助他人、人际和睦和保护或节约企业资源，其具体含义如表2-8的解释。

---

① 樊景立. Organizational Citizenship Behavior of People's Republic of China [J]. 心理科学学报，2004.

表2-8　　　　　台湾地区组织公民行为维度分析

维　度	维度解释
组织认同	员工积极地做出有利于组织的行为，如主动维护企业形象，主动、积极地参加企业活动，积极为企业发展提建议等。
敬业精神	员工在工作中认真踏实、兢兢业业，对自己提出更高的要求或超越了企业制度的要求。
帮助他人	员工在工作上做出对同事有利的行为，包括在生活上或工作上帮助同事，并主动参与同事关系的协调和沟通。
人际和睦	"和为贵"是中国文化核心价值观之一，人们在社会生活当中，可能会为了使同事之间关系和谐而不惜牺牲组织的利益，主要体现在工作以外的帮助上，如家庭遇到困难等。
保护或节约企业资源	员工不会利用上班时间及利用企业资源来处理私人事务，同时还可能利用个人资源如金钱、信息和社会资本帮企业解决难题。

[资料来源] 笔者根据相关资料整理。

与西方组织公民行为维度比较，台湾地区组织公民行为维度与其相近的是组织认同、帮助他人和敬业精神，而运动员精神和事先知会两个维度在其研究中没有出现，保护资源和人际和睦两个维度在西方文化背景中没有出现。这其中的原因体现了台湾地区的社会文化背景以及当时社会经济发展的特征。

樊景立等人在1998年对中国内地企业员工的组织公民行为概念及维度进行了分析研究。他们对北京、上海、深圳和广州等城市包括国有、集体、合资、私营等类型在内的75家企业进行了抽样分析，用归纳分析的方法得出结论，认为在中国文化背景下，组织公民行为的维度可分为10个。其中5个维度是对西方组织公民行为的拓展，包括：积极主动、帮助同事、观点表述、参与群体活动、维护企业形象；另外5个：自觉学习、参与公益活动、保护和节约组织资源、保持工作环境整洁、人际和睦是中国组织中特有的组织公民行为维度。其具体内容如表2-9所示。

表2-9　　　　　　　中西方组织公民行为维度对比

维度	评述
积极主动	员工有承担额外责任的意愿，主动加班不计报酬、承担额外责任、分享与工作相关的信息等。它与西方的责任意识、职能性参与和献身精神等维度相似。
帮助同事	帮助同事解决与工作和生活相关的事情。在西方文献中，利他行为、帮助他人与此相似，但概念更加广泛。
观点表述	对组织主动地提出合理化建议，这种建议是员工自发、主动的行为。它与西方的合理化建议相似。
参与群体活动	积极参加企业中与工作相关的活动。这与西方的公民道德相似。
维护组织形象	积极主动地宣传组织形象。这与西方的组织忠诚等相近。
自觉学习	自觉根据企业发展的需要提升自己的知识和技能。这一维度在中国背景下比较重要。
参与公益活动	员工积极主动地参与企业所举办的社会公益活动。
保护和节约组织资源	员工主动地节约企业资源、保护组织资源不受侵害。
人际和睦	体现"和为贵"的中国文化观念。
保护工作环境整洁	员工保持自己工作的环境整洁。

[资料来源] 笔者根据相关资料整理。

从10维度分析中可以看出，中国与西方国家的分类有较大的区别。有些维度概念虽然相同，但内涵区别很大，有些概念只有在中国特有的文化背景下和当时社会经济发展的历史阶段才会出现。这一区别进一步说明组织公民行为的本土化特征。如保护和节约组织资源这一维度反映了当时社会经济发展的时代特征。中国社会明显是以家庭关系为定向的，家庭对社会成员的各领域生活有着不可抗拒的强大影响力（Bond & Huang, 1987; Yang, 1993）。这种个体的自我淹没在组织生活中的特征就是利用手中的职权给自己家庭中的其他成员带来好处，比如任人唯亲、将企业资源挪作私用（郭晓薇，

2004）。假如一个员工所在的企业与他的家庭无关联，可能会使这种占用公家资源来恩惠家人的情况越发严重，而此类行为严重损坏了企业内部的团结、效率和管理（樊景立，1998）。所以，在中国文化背景下，员工不占组织便宜、公私分明，被认为是组织公民行为的重要表现。

　　对人际和睦维度没有在西方文献中出现的原因，郭晓薇（2004）对此做了比较详细的解释。郭晓薇认为，人际和睦维度的文化根源是中国人"和为贵"价值观的体现，它体现了中国传统文化中"和为贵"的价值观念，在中国文化背景下这一维度非常重要。中国人对人际和睦的重视程度往往是西方人不能理解的，这是西方研究中这一维度没有出现的主要原因。这一点可以用 Trompenaars（1996）的理论加以解释。Trompenaars 认为在人际互动的性质上，美国文化是专一性的（specific），在某个领域中发生的冲突就只有在这个领域中才发生作用，不会影响其他领域的互动；中国文化是发散性（diffusely）的，在某一生活领域中的冲突会波及人际交往的其他领域，其破坏性的表现是全方位的，会弥漫到整个人际关系交往中，譬如人们如果在工作中相互讨厌，那么在生活中一般不会和谐。因此，中国人对人际关系的维护更加小心，这也是中国人对待人际关系非常谨慎的主要原因。另外，中国是一个人情化的社会，相对于人情面子，制度法则在组织运行中的作用是有限的，组织内部的人际关系不和谐、人情面子受到影响，将会在很大程度上影响组织的正常运行，影响组织绩效。维护人际和睦的行为在中国文化中被认为是重要的角色外行为，也说明了人际关系在中国文化背景下的重要性。

　　自我培训维度虽然与西方研究中提到的自我发展（Geoge & Brisf，1992）相近，但在西方主流研究中对这一维度很少关注，也常常被忽视。本研究认为，在中国背景下的这一维度相对比较重要。20 世纪 90 年代以后，中国经济体制改革如火如荼，企业面对复杂多变的外部和内部环境，要求员工必须不断改变自我，作为个体的企业员工要想跟上时代的发展，不被企业的发展淘汰，只能不断地学习提高技能，参加进修。但是我们的社会对于员工的这种需要还缺乏一种社会性、制度性的安排，大多数员工只能自己利用业余时间去学习。因此，自我培训成为组织公民行为的重要维度。

帮助同事这一维度虽然在西方有出现，但在内容上有所不同。随着中国20世纪80年代的国企改革展开，与企业生产无关的很多职能部门如企业附属的学校、医院等与企业剥离，但同时对于员工的社会化服务又没有跟上，社会制度又缺乏相应的保障，往往学校、医院成为社会的稀缺资源，帮助同事孩子上学、找个好医生等成为帮助同事的重要内容，因此帮助同事解决生活上的困难成为一件安定人心、增强凝聚力的好事，客观上对企业发展有帮助。所以，在这一阶段，工作上和生活上的帮助都成为组织员工对同事帮助的重要内容，也成为组织公民行为的重要内容。这一现象也可以从中国人的人情面子、公私不分的倾向加以解释（郭晓薇，2004）。因此，帮助同事这一维度在当时的时代背景下，不仅体现在工作上的相互帮助，还体现在生活上的相互关心。当然，随着市场经济改革的深入，随着社会政治、经济和文化制度的日益健全，这一维度的内容将会随之改变。其实，自我培训、保护和节约企业资源、保持工作场所整洁三个维度的出现及内容与中国大陆特有的经济发展阶段和文化背景有很大关系。相对于西方发达国家，1998年以前中国企业处在经济发展初期，组织资源有限，企业所面临的环境变化迅速，员工为了适应社会和企业发展的需要，愿意自己出资进行自我培训和提高；另外，企业为了节约资源、减少成本，如对办公用品的节约、打扫环境卫生可能要员工自己动手等，都是减少成本的举措，是组织公民行为的重要形式。但是，随着社会市场经济的进一步发展，分工越来越细，这一维度的有些内容将逐步成为员工工作中的常态，有些内容可能会消失。

参与公益活动是中国文化背景下特有的组织公民行为维度。在美国经济体系中，有发展成熟的法规规范着各种经济活动，社会与企业组织之间都是建立在契约或者规范基础之上的，员工是否参加公益活动、如何参加就不会成为企业员工角色的内容，社会契约以及员工个人的社会责任成为是否参与的主要影响因素。相对而言，中国大陆市场经济体系还不够完善，缺少像美国经济活动中那样的成熟规范，政策法规的不稳定以及全球化的竞争，更加增添了企业环境的不稳定性。为了减少在这种多变的环境中面临的风险，企业必须发展一个能够使其获得外部资源的关系网络。为此企业不仅必须跟地方官员建立良好的个人关系，还要为企业树立一个造福于当地百姓的形象，这一形象的建立和维持必然需要企业员工经常参加公益事业。尤其是在计划经济背景下的企业，这一维度表现更为突出。因此，樊景立（1998）认为对中国大陆企业来讲，组织公民行为还包括基层员工指向社会的亲社会行为。尽管现今中国大陆已经实行市场经济，但政府部门仍然掌握着很大一部分社会资源，对企业影响很大，企业对政府的依赖程度还很高，政府主导下的经济运行特点仍然非常明显，企业与政府之间建立良好关系是企业获得资源、减少风险的重要内容，也应该成为组织公民行为的一部分内容。

通过以上分析，我们认为，在中国文化背景下，组织公民行为具有两个特点：

首先，员工组织公民行为的内容所包括的范围更为宽泛。中国情景下的组织公民行为包括了一般社会公民行为的内容。对中国内地的调查结果中出现了"参与社会公益活动"、"服从社会规范"这样独特的维度，并且这两个维度主要是被国有企业提及。以儒家思想为主流的传统思想文化中强调"修身、齐家、治国、平天下"，人生价值转移为以维护社会整体利益为前提，这有可能是组织对个人的评价中常常包括个人社会道德、社会规范等原因。

其次，员工的组织公民行为受其所在的社会网络环境的影响显著（樊景立，2004）。组织内员工之间的互动促进组织公民行为，员工在其社会网络中所处的位置不同，所表现出的态度以及行为也不同，员工行为带有明显的网络关系的影响，对于中国而言尤其如此（罗家德，2005）。中国社会文化是伦理本位，更是关系本位。陈俊杰（2003）将中国文化关系特征分为"价值层面"、"规范层面"和"行为层面"。在价值层面，关系反映了具有文化深层的价值合理性是中国社会构建的基本原理；在规范层面，关系意味着与人相处的基本规则，体现在社会生活的方方面面；在行为方面，关系意味着一整套丰富、具体、可操作的实际行为，这些行为是由关系这一本位特征影响的。中国文化背景下人际关系既为员工行为提供了隐含的规范，也为个体行为提供了评价标准，即达到"关系的和谐"（韩巍、席酉民，2001）。所以本研究认为，从社会网络视角分析中国文化背景下的员工的组织公民行为具有现实意义。另外，组织文化研究权威谢恩（Schein）曾分析指出：在美国，人们趋向于清晰地区分朋友、家庭和商业活动中建立的关系。而在中国文化体系中，除非关系深入扩散并渗透进多个维度，商业活动将难以展开。中国人趋向于广泛地"混合"而不是区分关系在朋友、同事、家庭和组织等之间的明确划分（韩巍、席酉民，2001）。因此，我们在中国文化背景下的组织公民行为的概念中可以看到"公私混淆"的特征。西方学者将帮助行为定义为与工作相关的行为，而在中国当时社会发展的时代背景下，帮助行为不仅包括工作上的帮助，而且包括员工间因私事而互相帮助，因为一个组织就是一个"大家庭"。但是，随着市场经济的发展，在人际关系中，人们工作上的相互帮助和生活上的相互关心必将明确划分，这也是市场经济发展的必然结果。

　　随着中国市场经济30多年的发展，尤其近10多年的飞速发展，企业的竞争环境更加开放，更加国际化，中国的经济发展进一步融入世界。这一发展带来的不仅是市场秩序及各项制度逐步规范、物质财富的增加以及社会服务的日益完善，更给人们带来了思想观念上的巨大变化，对我国企业的管理思想产生了深远的影响，对企业员工组织公民行为中的内容也产生了重要的影响。如前面提到的保持工作环境清洁、节约企业资源等有可能随着经济的发展和社会的进步，逐步内化为企业员工的基本规范，成为组织员工自觉遵守的起码准则，而不是组织公民行为的内容。结合这种变化了的时代特征，很多专家对员工的组织公民行为的发展做了进一步的研究（张艳秋，2003；罗明亮，2005；姚艳红和肖石英，2005；等等）。

张艳秋（2003）用自行编制的组织公民行为问卷，对山东和广东地区企业员工进行了调查。结果显示员工的组织公民行为包括主动行为、自我发展、积极参与、帮助行为、人际和睦、表达意见6个方面内容。从这一归纳可以看出，员工自我主动、积极参与处在更加突出的地位，而保持环境整洁、参加公益活动等已经不在组织公民行为范畴内。张艳秋进一步强调，员工的组织公民行为表现出四大特点：第一，人们的自我发展意识增强，积极主动地参与到组织的发展及管理当中成为组织公民行为的重要内容。第二，公私更加分明，组织公民行为在帮助同事维度上更多地表现为工作上的相互关心和帮助，而不是工作和生活混为一体，这一变化充分体现了组织公民行为这一概念的时代特征。在人际和睦维度上，更多地表现为员工之间在社会生活中相互关心以及和睦相处。因此，这一维度虽然在10年前就提到（樊景立，1998），但其内容发生了重要改变。第三，自我发展的维度的内容更加丰富，重要性更加突出。人们"铁饭碗"的观念已经改变，为了适应市场经济的发展，为了适应职业化的要求，自我提升、自我发展的意识进一步增强，人们更加注重自我价值的实现。员工个体的自我发展不仅是适应企业组织未来发展的需要，也是员工个体适应社会发展、自我实现的需要。第四，随着社会经济的发展，有些内容可能就不属于组织公民行为的内容，而成为员工必须遵守的起码准则，如保护和节约企业资源、保持环境整洁等。后面的论述也证明了这一点。因此，张艳秋对组织公民行为的研究更加具有时代特征意义，对组织公民行为理论的发展具有重要意义。

姚艳红和肖石英（2005）认为，组织公民行为在国内企业中的表现特征除了大家比较认同的帮助行为、运动员精神等项目外，还应有自我发展、个人创新等。在这里，姚艳红和肖石英所强调的自我发展维度与樊景立等人的论述有相同之处。

罗明亮（2005）对组织公民行为进行了结构分析，并自行编制了组织公民行为量表，做了实证分析。罗明亮认为，组织公民行为维度主要可以划分为5个方面：组织忠诚、帮助同事、积极主动、自我发展和人际和谐。这一维度划分与张艳秋的研究有许多共同之处。在论述帮助同事维度中，同样强调了组织工作的内容，更加强调员工的积极主动性和自我发展，同时也强调了人际和谐维度更多地表现为生活上的相互关心。这一点跟张艳秋的论述基本相同。张艳秋（2003）与罗明亮（2005）的研究中，积极主动都作为独立的维度，而且方差贡献率较大。但不同的一点是，罗明亮认为，对组织忠诚应该是组织对员工的起码要求，或者说是组织员工应该遵守的基本职业道德，如果放在超角色行为中就比较牵强。

尽管国内的研究还比较少，但张艳秋和罗明亮等人的研究进一步说明组织公民行为的本土化特征。从以上研究中可以看出，我国企业员工组织公民行为体现出几个特征：一是个体的积极主动性。从组织公民行为的本来含义来看，组织公民行为是不被他人和规章制度约束的，员工个体的主动性是组织公民行为实施的前提。二是关系内容的进一步明晰。在工作中，员工之间的帮助更多地表现为工作上的相互支持和指导，人际和谐的内容更多地体现为员工之间在生活上的相互关心。

基于以上分析，本研究认为，在我国市场经济发展的今天，组织公民行为维度可以概括为积极主动、帮助同事、人际和谐和自我发展四个方面，它们最能体现当前我国员工组织公民行为的特征。对此，本研究将在后面的论述中做进一步阐述。

2.7.3 组织公民行为研究的意义

组织公民行为的应用主要体现在对绩效的积极影响方面（Podsakoff et al.，2000）。组织公民行为对组织绩效有促进作用这一点，在20多年的研究中，学者们已经形成共识。Organ（1988）认为，员工们长期一贯的组织公民行为对提高组织的效能有重要的促进作用，在未来的企业发展中，是企业获得竞争优势的重要工具。对此，相关的论述本书只做简单介绍。

姚艳红和肖石英（2006）将组织员工分为理想员工、忠诚员工、交际员工和个性化员工四种类型，经过实证研究发现，组织公民行为与工作绩效呈正相关关系；四类员工的行为对员工绩效有不同程度的影响。见图2-8。

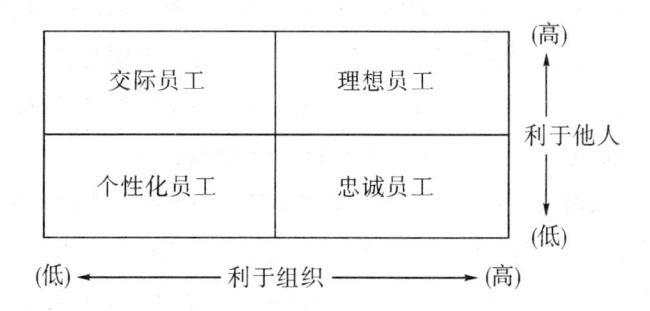

交际员工	理想员工
个性化员工	忠诚员工

（低）←———— 利于组织 ————→（高）

利于他人（高）↕（低）

图 2-8 四类员工的行为对员工绩效有不同程度的影响

［资料来源］姚艳红，肖石英. 组织公民行为与员工绩效的相关分析［J］. 管理学报，2006（5）.

郭晓薇（2004）指出，组织公民行为对组织绩效的作用主要包括：可以起到组织运作的润滑剂作用、减少组织内部运行的摩擦，从而减少组织内部的交易成本，提高组织效能。组织公民行为对组织绩效的促进作用具体包括以下几个方面：

（1）组织公民行为是组织受到潜在威胁的预警器（罗明亮，2007）。绩效指标在管理上有两个用途：一个是它们可以成为控制系统的一部分,并在某些方面用来惩罚业绩不好的而奖赏业绩好的环节或者员工,以推动企业的发展;另一个是它们还可以成为寻求管理潜在威胁的探测器,如在设计企业组织绩效评价的指标体系时,源于组织公民行为各项指标对组织公平、工作满意感等起着验证和推断的作用,这使得绩效评估的结果成为考察员工心理、行为的重要信息。

(2)组织公民行为可以提高管理效能和生产力。从前面对组织公民行为的维度分析可以看出,员工可以通过相互帮助和相互交流而更多地更快地提高自己的工作技能,并在相互影响当中提高员工的责任意识,使得组织对员工的监管减少,节省员工的管理成本,员工得到更多的授权。当员工积极参加企业内部的事务(公民道德)时,管理者就能接收到有价值的建议,同时有助于团队成员之间协调彼此的努力方向,进而提高组织的效率和效能。Avlia 等人的研究表明,在对电脑业务员的业绩最终评价中,销售业绩所占比例为12%,OCB(组织公民行为)所占比例高达 48%。Podsakoff 等人对 261 个保险代理人的评价试验中,发现 OCB 在其业绩的总体评价中占 44%,并进一步指出,在 OCB 中,利他主义、公民道德和运动员精神对绩效评价的贡献最大。

(3)组织公民行为帮助组织提高效率从而节省组织的培训资源,提高组织适应环境的能力。一方面,有经验的员工帮助新员工适应工作要求,或帮助员工解决工作中的难题,提出应对市场变化的建议;另一方面,员工个人积极参加各类社会培训,以提高自身的技能,节省了企业培训资源,帮助员工及组织主动适应市场的变化,等等。

(4)组织公民行为有利于维持组织稳定。帮助行为可以提高团队士气和凝聚力,"克己复礼"可以减少组织内的冲突。

(5)组织公民行为有利于增强组织吸收和保留优秀人才的能力。帮助行为还可以提高组织员工的归属感,运动员精神可以使员工愿意与组织"同呼吸、共命运",从而帮助组织吸引和留住人才,增强组织发展的稳定性和持续性。

有学者指出,中国的传统文化强调个体和他人的关系,认为社会因素最有力的决定因素不是个体本身,而是个体的关系背景(何友晖,2001)。因此,在中国企业的绩效考察中,组织绩效中人际关系的影响更加突出,与他人合作的良好意愿为特征的组织公民行为在中国背景下的组织管理中应该有更大的作用(张艳秋、凌文铨,2003)。

本研究认为,组织公民行为总体上对组织绩效有促进作用,有效地利用员工组织公民行为,激发员工的组织公民行为,对促进组织发展、提高组织绩效有重要作用,这也是本研究的意义所在。

2.8 社会网络对组织公民行为的影响

2.8.1 社会网络理论方法论原则

社会网络分析主要有两个任务:一个是研究个体在社会网络中的位置及其影响结果,个体之间的联结关系是研究的基础,这是个体社会网络分析的视角;另一个任务是研究社会网络结构特征及其后果,这是整体社会网络分析的视角。据此,网络分析者在研究时普遍遵循某些独特的方法论原则。根据刘军(2005)的分析,主要概括如下[①]:

原则1. 世界是由网络而不是群体组成的。网络和群体共同的特点是都是由个体组成的,但明显的区别就是网络强调的是个体之间的相互合作与交流,网络内部强调秩序。群体强调的是个体总体的

---

① 刘军. 社会网络分析导论 [M]. 北京: 社会科学文献出版社, 2004.

组成，对组成群体的数量比较关注，群体组成的内部没有规律，至于能否相互交流不是强调的重点。

网络分析是首先从网络的角度分析世界，而不是从一个没有规律的群体进行分析。网络分析者把世界看成是一个有着内在规律的社会网络，在网络中的个体之间的关系被看成是资源流动、个体获得社会资本的渠道，个体之间有着复杂的资源流动的渠道及方向，而不像群体只是简单的分类，或者简单的个体组合。

其次，社会网络分析允许有简单的分割，这在研究中也是可行的。网络分析者并不假定有严格便捷的大规模的社会网络，相反，他提醒人们，仅仅对边界网络进行简单分隔，就会使复杂的社会结构过于简单化。但是，在日常的研究中，如果没有比较相对的分界，那么网络研究也会变得非常困难。因此，社会网络分析允许对社会网络做简单的分割，但在实际的运用中要充分地考虑社会网络充分的联结性，在实际运用中要充分考虑子社会网络的突出特征及被分割的社会意义。本书将企业组织看成独立的社会网络，是因为企业组织有其相对独立的联结结构和形成特征，可以用社会网络分析的方法进行研究（陈荣德，2005；刘楼，2008）。但这并不意味着将企业组织与外部割裂，只是为了研究的方便，更多地关注企业内部组织员工关系的联结而已。这也使社会网络分析在员工行为研究中的应用成为可能。

原则2. 从社会关系视角对行动者的行为进行的社会学解释要优于从个人属性的视角进行的解释。人的社会性是人的本质属性，社会网络是个体人的社会属性的体现，社会网络分析对个体在社会网络中的位置及相互之间的联结做科学的分析，并对其影响结果有更充分的解释，并提供了分析工具。以往的研究认为人们的行为是由于个体的特殊性，拥有相同属性的人们结成一类，人们的行为选择是个体特征、组织特征引起的。这类属性特征的分析没有考虑到人的社会性特征，没有考虑到个体社会网络性的影响作用，没有考虑到社会结构对个体行为的作用。社会网络分析既考虑到个体的自然属性，又关注其社会网络特征，关注个体之间的相互依赖性及相互影响，因而从行动者所处的社会网络的视角对个体行为的解释和研究更具有合理性（Scott，2000）。这也为本研究的核心问题分析提供了理论支撑。

原则3．关系是社会网络分析的基本单位。社会网络分析不论是关注个体中心网络还是整体社会网络，关系都是社会网络分析的基本元素，结构被看成行动者之间的关系模式。这样，网络分析的一个重要问题就是，各个行动者之间的模式化关系是怎样影响以及多大程度上影响网络成员的行为，这实际上正是本研究的核心问题。

关系数据的研究工具为社会网络分析在员工行为研究中的应用提供了方便，并推动了这一应用。社会科学数据主要分为"属性数据"和"关系数据"两类。属性数据主要采用变量分析的方法，强调个体之间的独立性，社会网络分析研究的是个体之间的联系，关系是行动者系统的属性，而不是行动者的属性，面对的数据是关系的数据。用变量分析的方法不能处理关系数据，只能用网络分析的方法，但在数据收集方法中没有什么区别。如在进行个体中心社会网络（Ego - network）数据收集时，同样先进行样本抽样，然后再根据所抽取的样本通过"提名法"和"职位生成法"得到数据（罗家德，2005）。如果进行一个封闭性的社会网络研究，则要列举出该网络中所有成员的名字，根据一定的要求，判断个体之间的联系特点，一般采用整体组织的抽样方法，这是社会网络分析中对数据获取的特殊要求。

2.8.2 影响组织公民行为的因素分析

在组织公民行为研究领域，对其影响因素的分析是重要的内容之一。Podsakoff等人（2000）根据文献的总结，认为以往的研究主要从三个视角来解释组织公民行为的前因变量影响因素：社会交换理论、文化价值观和印象管理理论。社会交换理论认为，员工与组织或其他员工由于要进行某种交换而实施组织公民行为，因此，组织公民行为缘起于交换，这种交换是一种社会交换，不同于交易。有的学者认为社会交换理论的解释只适合北美文化，如用于中国文化背景下，就不是很合适，因为在中国文化背景下，员工之间的关系当中，除了交换的内容，还有维持组织和谐的目的。因此，利用这一理论解释我国员工的组织公民行为有一定的局限。他们倾向于从文化价值观来解释组织公民行为，认为由于员工对组织或集体感到满意，有认同感，就会实施组织公民行为，用满意感、组织认同、公平感等态度变量可以预测组织公民行为，其中公平感与组织公民行为有很强的影响关系（郭晓薇，2005）。近年来，越来越多的学者意识到从文化的角度研究组织公民行为的重要性，认为只有将组织公民行为放到具体的文化背景之下，研究才有现实的指导意义。个人主义与集体主义（I/C）是受到关注最多的价值观变量。Moore & Brackly（1995）研究发现，员工的集体观念越强，组织公民行为实施的频率就越高（Moore & Brackly，1995）。Aine 和 Organ（2000）指出，不同文化背景下的价值观可能会调节公平感与组织公民行为之间的关系，而且不同的文化价值观本身会激励或抑制组织公民行为的发生。因此，仅通过文化价值观还不能有效地解释组织公民行为的原因。印象管理理论认为，有些个体出现组织公民行为并非出自回报组织的愿望，而只是为了给别人留下好印象，进而实现某个意图（Bolino，1999）。如员工有时尽管对领导没有好感，但还是尽可能表现出组织公民行为，给领导留下好印象以期得到更多的提升或获取更多的资源的机会。所以，Bolino（1999）指出，"我们所认为的好战士，可能只是个好演员"[1]。印象管理理论只能解释员工组

---

[1] BOLINO M C. Citizenship and Impression Management: Good Soldiers or Good Actors? [J]. Academy of Management Review, 1999, 24（1）: 80-98.

织公民行为的一部分内容，及员工对其领导投其所好而表现出来的行为，而对于具有平等地位的或者在组织中地位较低的同事所表现出来的组织公民行为的原因的解释显然不足。

对组织公民行为的影响因素分析中，Podsakoff 等人（2000）回顾过去近20年的研究，认为组织公民行为的影响因素研究主要集中在员工特征（Employee Characteristics）、任务特征（Task Characteristics）、领导行为（Leadership Behaviors）和组织特征（Organizational Characteristics）四个方面，如图2-9所示。

员工特征：
人口统计学特征、员工态度、个体倾向、个体的角色直觉

任务特征：
绩效反馈、任务程序化、规则化

组织特征：
组织正规化、组织僵化性、主管—员工支持度、上下级之间空间距离

领导行为：
变革型、交易型、复合路径—目标理论、领导—成员交换理论

→ 组织公民行为（OCB）

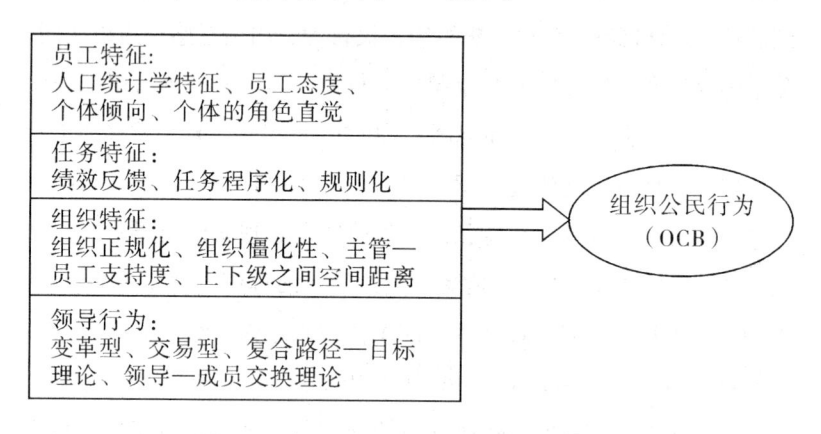

图2-9 组织公民行为研究中的前因变量

［资料来源］笔者根据 Podsakoff 等人（2000）的文章 Organizational Citizenship Behavior: A Critical and Empirical Literature and Suggestions for Future Research（2000）翻译整理。

Podsakoff（2000）对这四个因素做了比较明确的描述。Podsakoff（2000）认为员工特征包括人口统计学特征、员工态度、个体倾向、个体的角色直觉等。在个性特征因素的解释理论中，最具有代表性的是 McCrae 和 Costa 提出的"大五"个性理论。在个性对组织公民行为影响的研究中，主要存在三种意见：第一种意见是个性包括责任性、相容性与组织公民行为并无显著的相关性（Organ & Ryan，1997）。第二种意见是个性对组织公民行为存在间接影响。如 Geoge 和 Brief（1998）的研究表明，个性因素是组织公民行为的间接影响

因素，而并非直接的影响因素；个性指标不能对态度和组织公民行为间的相关性做出解释，而态度指标能对个性与组织公民行为间的相关性做出解释，即态度变量是两者之间的中介变量。个性如相容性、情感积极性、情感消极性和责任性将使员工倾向于同事和管理者的定位取向，这些定位取向能提高他们所感受到的满意感、支持直觉、公平感、组织认同。第三种意见是个性与组织公民行为间的相关性受其他缓冲变量的影响。个性和组织公民行为由他人评定时，两者相关性较小；而自我评定时，两者相关性较高。

任务特征变量包括绩效反馈、满意的工作任务，二者与组织公民行为有显著正相关关系，而任务程序化和规则化则与组织公民行为有显著负相关关系（朱瑜等，2003），组织特征与组织公民行为关系则较为复杂。组织正规化、组织僵化性、主管—员工支持度、上下级之间的空间距离等变量与组织公民行为之间不存在显著相关关系（Podsakoff et al., 2000）。领导—员工交换与利他主义行为有着负相关关系（Podsakoff et al., 2000）。Podsakoff等人（2000）的元分析认为，在所有预测变量中，领导行为对员工的组织公民行为影响最大，几乎所有的领导行为维度都与组织公民行为显著相关。

Organ等人（1995）的研究表明，员工的态度中满意感、组织认同和公平感等对组织公民行为有显著的影响（Podsakoff, et al., 2000; Wagner & Rush, 2000）。Podsakoff（2000）通过对以前的组织公民行为研究文献的元分析显示，不同类型的满意度（满意度包括认知性的满意度和情感性的满意度）对组织公民行为都有显著影响，这也从一个方面说明了员工的组织公民行为虽然表面看来是随意的行为，但其实是经过深思熟虑的，其随意性是相对于组织规定的行为而言的。有研究显示，员工对领导的信任、组织认同（情感承诺和持续承诺）与组织公民行为各维度均有着显著的正相关关系（Konosky & Pugh, 1994）。基本的解释是基于社会交换理论，即对组织领导信任、对组织所提供的工作环境满意的员工就会通过组织公民行为而报答组织，从而为组织服务，促进组织绩效的提高（Podsakoff，2000；Scholl、Cooper & McKennel，1987；Williams & Anderson，1991）。另外，还有其他影响因素如领导信任（Knovsky & Pugh，1994）、程序公平（Moorman、Blakely & Niehoff，1998）以及组织认同（Podsakoff et al.，2000）等对组织公民行为影响研究。在人口统计学特征中，工作年限、性别与组织公民行为都不存在显著的相关性（Podsakoff et al.，2000）。Padsakoff 等人（2000）的元分析研究表明，个体的角色直觉与组织公民行为有密切的关系。角色冲突、角色模糊与利他行为、礼貌行为、运动员精神有显著负相关关系，与责任感和员工道德则没有关系。

在分析组织特征的影响时，罗明亮认为，在组织特征中，国企和民企员工组织公民行为的表现形式存在一些共同之处：国企和民企在意见表示、维持公众关系和帮助行为上实施频率相差无几；在实施中，公民美德和自我发展国企要比民企高一些，但民企的管理较注重制度化和物质化的手段，因而民企的执行力比较强，民企员工会表现出较多的组织遵从、个人创新行为，但员工的组织忠诚度没有预期的高。

在国内，有关组织公民行为的研究非常有限，较多的文章还是在解释或介绍国外的研究成果。如对工作满意度、组织认同、组织公平感和人口统计因素对组织公民行为影响的研究较多（郭晓薇，2004；罗明亮，2007；等等）。笔者（2009 年 6 月）对中国知网以"组织公民行为影响"为关键词进行搜索，在得到的 13 篇文章中（包括硕士和博士论文），有 4 篇关注工作满意度、组织认同对组织公民行为的影响，有 3 篇关注组织公平感对组织公民行为的影响，人口的统计变量几乎在每一篇文章中都有提及。其余 6 篇都是关于组织公民行为概念、维度的分析。

郭晓薇（2004）在其博士论文《影响员工组织公民行为的因素分析》中对企业员工进行了研究，得出了与 Moore 相同的结论。她认为，在中国文化背景下，在组织公民行为的动因中，集体主义价值观比社会交换动机更为突出，并得出结论：集体主义者的组织公民行为主要出于集体主义价值观，而个人主义者的组织公民行为主要出于社会交换动机。对个人主义者而言，组织公民行为就是一个交换物，以之来交换组织的公平待遇。社会交换理论之所以能恰如其分地解释个人主义者的行为，就是因为它是西方个人主义文化背景下的产物，这与西方文化倡导的个人主义价值观是吻合的。在组织公民行为预测变量中，个体层面的影响研究受到的关注最多，相关成果最为丰富，其中态度变量对组织公民行为的预测作用得到的支持是最为广泛的。郭晓薇将态度变量分为组织认同、工作满意度、组织公平感，中介变量主要采用组织支持感和领导—员工之间的交换变量。郭晓薇认为，组织认同对组织公民行为具有预测作用；印象管理对大部分主管评价组织公民行为存在独立于公平感的显著解释作用，但并未发现其调节作用；权利距离对主管评价存在独立于公平感的主效应，公平程序与大组织公民行为之间存在显著的调节作用。因此，不同文化背景下的组织公民行为有可能存在不同的预测变量，或者预测变量的显著程度会随不同的文化背景而变化，甚至文化背景本身就可以成为组织公民行为的预测变量。可见，简单移植北美文化背景下的研究成果是有其局限性的，我们需要从文化价值观的角度重新审视西方的研究成果，并提出本土化的结论。

韩景南（2005）对组织公民行为的动因做了较为系统的研究。韩景南认为，组织认同的动机、印象管理的动机、亲社会价值的动机、组织支持认知、工作满意度、正向情感与组织公民行为的三个维度——忠诚行为、员工参与和尽职行为之间都显著相关，研究假设的大部分也得到支持。罗明亮（2007）在其博士论文中比较系统地研究了组织公民行为的影响因素。罗明亮认为，影响组织公民行为的因素包括组织的微观环境、组织文化、组织结构、激励机制、企业领导、职业生涯以及企业前景等因素。工作环境与家庭环境相互影响即行为溢出与组织公民行为与绩效管理的相关性均达到了显著水平,工作特征中的工作自主性与人际层面的组织公民行为无关,与其他层面的组织公民行为均相关。

从已有的研究文献中可以看出,不管是国内还是国外的研究,主要关注个人特征、任务特征、目标特征和组织特征与组织公民行为的关系。它们主要从个体属性分析组织公民行为影响,总体上忽略了人的社会性特征,忽视了人的社会属性。本研究的一个理论前提就是人的行为特征及其价值观取向是后天形成的,是受个体所处的社会关系网络影响的(Scott, 2000)。因此,个体的社会网络结构、规模和个体在其所在的社会网络中的位置等都对个体行为产生了深远影响(Burt, 1992; Lin Nan, 2001)。张文宏(2005)认为,社会网络的影响是个人做出行为选择的重要原因,关注行为研究就必然要关注个体背后所隐藏的网络结构,关注个体在社会网络中的位置,而不能仅仅把个体的行为简单地归入具有类似属性的原因。[①]

因此,本研究认为,以往研究的不足就是没有对员工行为的社会嵌入性进行研究,即员工社会网络结构对组织公民行为的影响还没有得到足够的重视。基于社会网络视角的研究成为近年来组织公民行为前因影响因素研究的新视角,将弥补过去研究中的不足(武欣等,2005)。社会网络理论强调人际关系,强调人的行为选择受到周边人际关系的影响。因此,本研究认为,基于社会网络视角的分析将会对组织公民行为的原因有更多的解释。本书将在这一方面做探索性研究,力图弥补这一领域内的空白。

2.8.3 员工社会网络对组织公民行为的影响

社会网络分析为研究个体的行为提供了新的视角和范式。社会

---

① 张文宏. 社会网络与社会资本研究 [OL]. 中国社会学网: http://www.sociology.cass.cn/shxw/zxwz/t20040915_2743.htm.

网络分析的重要观点就是个体的行为并不仅仅是由个体本身特征决定的，个体网络的位置和网络关系规模等是影响甚至决定个体行为的重要因素，是预测个体行为的重要变量。

梅奥（1936、1945）在其"人际关系理论"中强调，企业的发展不能只关注员工能否完成任务，而应该重视企业内部人际关系和谐，要培养、形成和提高员工对企业的归属感，积极推动员工之间的交流，充当员工信息沟通的桥梁。梅奥的论述开启了管理学理论中"社会人"假设的新领域。斯科特（Scott，2000）更多地从实证的角度分析社会网络对个体行为的影响。他认为个人关系变量对行为影响的重要性，可以通过计算每个个体在网络中的结构位置，从而分析其对行为的影响。个体在网络中的位置为个体提供了行动机会和约束。本研究分析了员工个体社会网络对组织公民行为的影响，认为员工的社会网络结构位置（中心性）为其组织公民行为提供了动力和机会。

著名的传播学者罗杰斯（Rogers，1995）通过研究新事物传播过程说明了社会网络对个体行为有着重要的影响。罗杰斯指出，在大众网络中，人们的看法、行为的改变受亲近的好友、亲戚的影响，尤其受到居于网络核心位置的个体的影响，这个人能够按照其正式或非正式的关系影响别人，这个人通常被称为"意见领袖"。意见领袖为社会体系中的成员，其行为具体表现出体系的原则范围和建立起的行为模式，这一原则范围和行为模式被其他在网络结构中与意见领袖有关系的人效法。拉扎斯菲尔德等人（Lazarsifeld & Katz，1955）指出，人们的行为不是凭空想象出来的，而是受到一个十分复杂的社会网络的影响。同时，拉扎斯菲尔德在《个人的影响》（Personal Influence，1955）一书中也有同样的结论。他强调，首先人的行为是受人际关系影响的，其中处于意见领袖位置的个体对其他个体的影响最大；其次，意见领袖不会只是社会高阶层的人，这个人有可能是高阶层的，也有可能是低阶层的，但总是处于社会网络中心位置的个体。同时拉扎斯菲尔德指出，在人际关系受到影响的时候，这种影响可能是积极的也可能是消极的。克拉哈特等人（Krackhardt & Brass，1994）在对企业员工人际行为进行分析时认为，情感网络总是对行为形成最有影响的因素，咨询网络在某些议题上有影响，而情报网络、信任网络没有被提及。罗家德（2004）在研究计算机态度的濡染模型时发现，"他人请教"的咨询网络及"个人隐私"情感网络都可以带来对个人计算机态度的影响。同时，罗家德强调，建立在社会网络分析基础上的濡染模型反映了个体的行为在组织内交流的途径。

社会网络研究弥补了以前对行为研究的不足（罗家德，2005）。具体表现在：①弥补了个体行为的社会性因素。人的任何行为都是受外在的社会网络影响的，其决策受到个体在其所在的社会网络位置及其结构的影响，人的互动不在于理性的博弈，而在于社会结构的存在。②社会网络对行为影响的动态性。每个人在做出行为选择时，都不是在片刻之间决策的，而是在分析当时各种形势，考量自己的需要，以从周边的社会关系中所知的信息而做出最终的决定。这种决定是他/她不断地与别人互动，不断地搜集各种情报，修正自己的观察，最后做出的选择。因此，个人的社会网络位置，会影响到个体信息的获得以及社会资本取得的整个过程。

基于社会网络分析范式的组织公民行为的研究文献较少。从笔者所搜索到的文献来看，目前有代表性的研究有美国学者 Bowler（2002），从组织内员工社会关系角度，运用社会网络分析方法对组织公民行为的影响进行的研究。此后有学者对组织中员工的社会网络进行了分析，对员工个体在社会网络中的位置进行了分析，进而分析了组织公民行为的影响因素，并通过了验证（Setton & Mossholder，2002）。国内如陈荣德（2007）和刘楼（2008）等人，主要分析组织内社会网络特征及其组织内部非正式组织对组织公民行为的形成的影响因素。Sparrow 等（2001）的研究，认为信息网的中心性高有利于员工和其他同事之间的交换。Setton 和 Mossholder（2002）将组织公民行为分为个人相关的组织公民行为和任务相关的组织公民行为，个人相关的组织公民行为来源于同事之间的友谊，而任务相关的组织公民行为来源于完成工作的社会交换。

美国肯塔基大学学者 Bowler（2002）在其博士论文 Relationship and Organizational Citizenship Behavior：a Social Network Approach 中，主要以组织内员工社会关系为前因变量分析组织公民行为的形成原因，并运用了社会网络分析的方法。这一研究主要关注指向个体的组织公民行为，即将人际组织公民行为作为结果变量。人际公民行为一个突出的特点就是人际层面的组织公民行为有一个特定的目标对象，也就是有特定行为的接受者（Reception）和实施者（Performance）。因此，在基于社会网络视角的研究中，对人际公民行为的研究不仅从组织公民行为的实施者角度进行分析，也从组织公民行为的接收者或受益者角度进行分析。如图 2 - 10 所示。Bowler（2002）

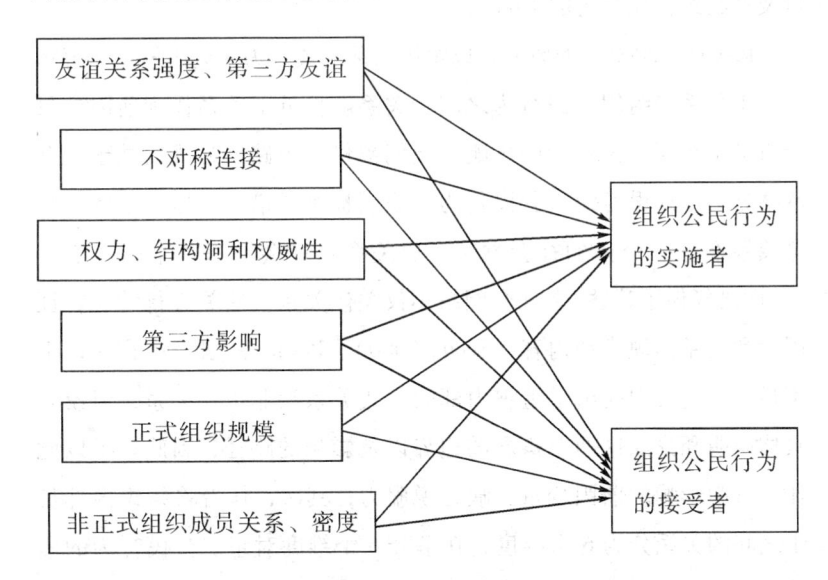

图 2 - 10　社会网络对组织公民行为影响模型

［资料来源］笔者译自：BOWLER. Relationship and Organizational Citizenship Behavior：Social Network Approach ［D］. PHD Dissertation，2000.

在研究中，以一家拥有150名员工的汽车零件制造企业作为样本，运用社会网络分析方法研究员工关系对组织公民行为的影响。Bowler从两方关系（Dyadic Relationships）、非直接关系（Indirect Relationship）、网络位置（Network Position）、网络结构（Network Components）等6个维度分析组织内员工的网络关系，以及对员工的组织公民行为的影响。Bowler认为，友谊的强度（Strength of Friendships）和第三方友谊与组织公民行为的实施和接受都呈正相关关系；不对等关系与组织公民行为的实施和接受都呈正相关关系；网络个体的结构洞和权威性与组织公民行为的实施呈负相关关系，与组织公民行为接受呈正相关关系；第三方影响与组织公民行为呈正相关关系；正式组织的规模与组织公民行为的实施和接受都呈负相关关系，正式组织的密度与组织公民行为的实施和接受呈正相关关系。Bowler运用社会交换理论和印象管理理论，论述了员工交流的动力，以及对组织公民行为的影响。

Bowler（2002）的研究，以组织内部的关系为研究出发点，解释了员工关系与组织公民行为之间的关系。将员工关系作为前因变量分析员工组织公民行为的影响给我们提供了思路，为我们基于社会网络分析范式思考组织公民行为的原因提供了借鉴。尽管个体的社会关系不等于个体的社会网络，但关系是社会网络基本因素之一（前面已经做了论述）。社会网络不仅关注关系，还关心行动者特征因素和关系的规模和内容（Scott，2000）。Bowler的研究尚存在以下不足：首先文中提出了组织内部的正式关系和非正式关系，但没有具体说明和论证这两个概念的边界以及影响的路径，因此如果以此作为行为影响的前因变量，缺乏说服力；其次，作者将组织内部员工之间的关系分为6个维度，在解释6个维度对组织公民行为的影响时，运用了社会交换理论和印象管理理论。显然，在跨文化背景下，这一解释不够全面，因为在不同的文化背景下，人们之间的交流不见得都是为了某种利益的交换。如人际和谐是中国文化的本质特征之一，这一特征明显地表现在组织公民行为的内容里面（前面已有论述），但这一维度并不表现在某种利益的交换上。因此，对于跨文化背景下的人际关系还要进行本土化分析。显然，在研究设计当中，作者是在北美文化环境里进行研究，没有考虑文化环境的影响。在该研究中，样本的代表性也有一定的局限性。作者 Bowler 也提到，选择一家汽车制造企业作为样本，是出于研究方便的考虑，文化的因素在未来的研究中将是考虑的重要因素。

国内也有研究者对基于社会网络视角的组织公民行为研究做了有益的探索。侯德娟（2005）立足于我国本土文化，采用探索性因子分析、验证性因子分析等统计方法对国外的测量工具进行了修正。她使用社会网络、相关分析等方法分析了劳动密集型和知识密集型两类企业的数据后认为，我国企业的员工组织公民行为主要包括关注人和关注任务两个维度。在劳动密集型企业中，员工的情感网和讨论网的点入度均与关注人的组织公民行为正相关，与关注任务的组织公民行为的关系并不显著，而咨询网与组织公民行为及各分维度的相关性都不显著；在知识密集型企业中，情感网点入度和组织公民行为的关注任务维度的相关性都达到了显著水平，讨论网和咨询网点入度与关注任务的组织公民行为相关性显著，而与关注人的组织公民行为的相关性不显著。在知识密集型企业中，工作满意度在网络结构洞与人际公民行为的关系中起调节作用。侯德娟的研究的不足之处在于数据的收集存在一定的不足，如问卷的回收率低，只有 55% 左右，这导致所得出的结论有待验证。另外，作者在选择维度时，选取了情感网和咨询网（讨论网），但没有说明这样做的理论依据。最后，社会网络分析包括个体中心的社会网络或整体社会网络的分析，侯德娟对此并没有做清楚的界定，即其研究到底是关注个体层次的社会网络还是整体社会网络，而没有明确的区分就可能导致分析的结果出现偏差。

陈荣德（2004）从个人、对偶和网络三个方面研究组织内成员的关系对知识分享行为和同事公民行为的影响。研究发现，在个人层次上，岗位等级等正式组织特征对同事公民行为有正向影响；在对偶层次上，认知基础信任和情感基础信任对知识分享和同事公民行为有正向影响；在网络层次上，具有特征相似性的个体之间容易产生信任，从而有利于个人之间相互帮助，有利于个人绩效的提高。同时，情感网络可以给组织中的个人带来社会资本、信任感增强。陈荣德的研究吸收了前人的成果，进行了开拓创新。但刘楼（2008）认为，陈荣德的研究视角是社会资本和社会网络，但割裂了社会资本的来源和内容。社会资本来源于社会结构，而个人在非正式网络中的位置特征就是个人的社会资本的重要来源。

刘楼（2008）比较系统地研究了员工社会网络特性及其对工作绩效的影响。但其将组织内社会网络特征描述为情感中心性和咨询中心性。正如前面所分析的，应该按照罗家德（2003）提出的，分为程度中心性和中介中心性以及亲近中心性，因此刘楼的分析的不足还是在于对中心性的选择上只选择了程度中心性一个维度。

笔者认为目前社会网络对组织公民行为的影响研究还存在以下不足：首先，如 Bowler 指出的，员工的网络关系对基于组织的公民行为的影响有进一步拓展的必要。社会网络对组织公民行为的影响研究，大多指向个体的组织公民行为的影响因素，对人际公民行为的研究比较多。Bowler（2000）研究了关系结构对人际公民行为的实施和接受的影响。员工社会网络结构对指向组织的组织公民行为的影响是否存在还需要进一步分析。如侯德娟的研究，将组织公民行为分为任务导向和关系导向，但是没有明确分析到底是指向组织的还是指向个体的，还是笼统地就是指组织公民行为，还需要进一步探讨。其次，目前对组织公民行为的比较成熟的研究是在北美社会环境中进行的，将社会文化的影响作为常量，但我们不可盲目地将研究中使用的变量以及量表进行移植。随着我国经济的飞速发展，还需要赋予其时代特征，在员工关系以及组织公民的测量时要充分考虑这一点。在目前国内有限的研究中，有许多学者如香港地区的樊景立教授（1998）、台湾地区的陈荣德教授（2004），运用非正式的社会网络结构对组织公民行为的影响进行研究，推动了组织公民行为概念的发展。因此，本书将在这一方面力图有所突破。首先从前因变量来看，明确以个体层次的社会网络分析方法分析员工个体社会网络，采用程度中心性（即相对程度中心性）和中介中心性两个指标测量个体在社会网络中的位置，并将组织内社会网络分为情感网络和咨询网络两个维度。在结果变量中，本研究首先提出组织公民行为的4维度模型，比较全面地概括了组织公民行为概念的内容。但是，总的来看，本研究所采用的分析方法还是属于尝试性的。

2.9 文献总结与评述

对员工组织公民行为的研究在西方国家已经形成独立的研究领域，尤其是对于组织公民行为的维度分析、影响因素研究，成为学者关注的重点（Podsakoff et al., 2000）。

在我国，对员工组织公民行为的研究起步较晚，更多的还是对西方的研究成果的介绍和验证。

国内目前从社会网络视角分析组织公民行为影响因素的较少，基于组织层面的组织公民行为影响因素的更少。本书认为其主要原因是：一是组织公民行为在国内研究尚处于发展阶段，人们对这一概念的认识和应用还需一个过程。但基于以往的文献，本研究提出的四分法（4维度模型）有其理论依据。二是将社会网络作为员工行为的前因变量影响因素的研究在国内研究中还比较少见，还处于起步阶段，属于比较新的课题。从目前的文献来看，虽然已经有研究者对此做了尝试性的研究，如侯德娟等，但是还需要做进一步的系统性探索，对组织公民行为的维度如何进行分析、社会网络如何影响组织公民行为、影响组织公民行为的哪些内容等，都需要做进一步的分析研究。三是随着文化背景的不同、经济发展的程度不同，组织员工行为的内容表现是不同的。如前面文献中所述的，樊景立将"员工自觉打扫卫生"作为组织公民行为的内容，原因是在当时（1998年）中国物质水平还比较低，主要出于节省资源的考虑。但是随着中国市场经济最近10多年的飞速发展，企业竞争的环境有了很大不同，员工的组织公民行为随之也发生了变化，如"打扫工作环境卫生"等维度随之变成员工的基本素质，就不再是超角色的范畴。因此，本研究在前述文献研究的基础上，力图寻求一定的突破，力求在新的文化背景下、新的社会环境下对员工的组织公民行为有新的认识。

本书对组织公民行为的维度分析，主要结合西方学者 Podsakoff（2000）、Organ（1987）的 5 维度模型和樊景立教授（1998）的 10 维度分析，提出 4 维度概念。

分析组织内员工个体中心社会网络必须从分析组织内非正式组织开始，因为非正式组织是以社会网络为本质体现的，社会关系是非正式组织的本质和特征，是分析组织内社会网络的基础。本研究关注点就是员工层次的社会网络，因此运用的方法也是个体中心社会网络分析的方法，中心性是描述个体中心网的最重要的指标。本书从情感网络中心性和咨询网络中心性两个维度分析员工社会网络位置，并以其研究分析其对组织公民行为的影响。

就目前文献来看，从社会网络的角度探讨组织公民行为的影响，是可行的，尤其是以组织内的社会网络为预测变量成为行为研究的新趋势（武欣等，2008）。在对组织公民行为影响因素的研究中，本书认为，个体特征、经济水平等因素是组织公民行为的预测变量，但不是全部，只强调属性特征因素，忽视了社会关系的影响。在中国文化背景下的社会关系对人们行为的影响更加明显，社会网络关系对组织公民行为的影响研究具有重要意义（樊景立，1998）。本书试图解释员工的社会网络是如何对其组织公民行为产生影响的。对此，本研究首先回答：组织内是否存在以及存在怎样的社会网络、员工在这些社会网络中的位置的衡量指标如何、它们是如何影响员工的组织公民行为的，以弥补以往研究对组织公民行为预测变量研究的不足。因此，本书力图通过组织内的社会网络的形成说明社会网络对组织公民行为的影响，同时进行实证性验证。

另外，从以前的文献中也可以看出，社会网络对组织公民行为的影响没有考虑调节变量的影响。事实上，若研究对象受情境因素影响较大，那么调节变量的探索则显得更加重要，组织行为的研究就在此列（郭晓薇，2004）。因此，在本研究中就必须考虑调节变量的影响。

3 理论模型与研究假设

3.1 构念维度分析

管理科学常用抽象的构念以理论的形式将管理现象表示出来（罗胜强，2008）。构念也可称为操作性概念。构念可用一些测项即指标进行测量，所以有时对构念必须进行维度分析，然后再进行测量。构念还有另一层意义，即人们创造并使用一个构念是为了在科学研究中达到某个特别的目的（Kerlinger，1986）。本研究将对组织公民行为和员工社会网络等构念进行分析。

3.1.1 组织公民行为维度分析

国内目前从社会网络视角分析组织公民行为影响因素的较少，基于组织层面的组织公民行为影响因素的更少。本书认为其主要原因是：一是组织公民行为在国内研究尚处于发展阶段，人们对这一概念的认识和应用还需一个过程，但基于以往的文献，本研究提出的四分法（4维度模型）有其理论依据。二是将社会网络作为员工行为的前因变量影响因素的研究在国内研究中还比较少见，还处于起步阶段，属于比较新的课题。从目前的文献来看，虽然已经有研究者对此做了尝试性的研究，如侯德娟等，但是还需要做进一步的系统性探索，对组织公民行为的维度如何进行分析、社会网络如何影响组织公民行为、影响组织公民行为的哪些内容等，都需要做进一步的分析研究。三是随着文化背景的不同、经济发展的程度不同，组织员工行为的内容表现是不同的。如前面文献中所述的，樊景立将"员工自觉打扫卫生"作为组织公民行为的内容，原因是在当时（1998年）中国物质水平还比较低，主要出于节省资源的考虑。但是随着中国市场经济最近10多年的飞速发展，企业竞争的环境有了很大不同，员工的组织公民行为随之也发生了变化，如"打扫工作环境卫生"等维度随之变成员工的基本素质，就不再是超角色的范畴。因此，本研究在前述文献研究的基础上，力图寻求一定的突破，力求在新的文化背景下、新的社会环境下对员工的组织公民行为有新的认识。

在前面的文献分析中已经提到，对组织公民行为构念分类采用两种处理方法：

第一，对其整体构念加以分析，没有明确的维度分析，只是根据具体内容设计调查问卷。这种处理方法在研究中比较多，如郭晓薇（2005）、罗明亮（2008）等。第二，对组织公民行为进行层次分析，即分为基于组织的组织公民行为和基于个体的组织公民行为，并对某一层次的组织公民行为进行维度分析。如在基于社会网络分析的组织公民行为前因研究中，基于个体层次的组织公民行为即人际公民行为研究较多，如前面提到的 Bowler（2000）将人际公民行为分为行为的实施（Performance）和行为的接受（Receipt）两个维度，我国学者如侯德娟（2008）将人际公民行为从员工关系的视角分析分为关注任务和关注人两个维度。

本研究认为，在基于社会网络分析的组织公民行为影响因素研究中，组织公民行为的内容不仅仅包括基于个体的组织公民行为，也包括基于组织的组织公民行为。这是因为当一个员工在组织中拥有良好的非正式社会网络时，他不仅关心周围朋友、同事，同时也会关注和珍惜所在正式组织的发展，如员工自愿地、直接或间接地参与对组织有益的活动，自觉地、主动地宣传组织形象等，以维护和促进这一组织的发展，基于组织的组织公民行为对组织有利。反之，当一个员工在组织内社会网络中不能得到友谊或者工作上的帮助时，他也很有可能不会积极参加组织的各项有益活动，不会积极地为组织提出创新性的建议，甚至还会起到消极作用。因此，本研究认为，组织内员工社会网络对组织公民行为的整体影响是存在的，对基于个体和基于组织的组织公民行为的研究是可行的。

基于以上认识，本研究从组织公民行为的最初定义出发（Organ, 1997），在国内外研究的基础上，结合中国当前市场经济发展的特点，将组织公民行为分为四个维度，即自我发展、帮助同事、人际和谐、积极主动四个维度。

由此，本书首先基于两个方面提出维度模型。第一，从文献分析来看，尽管樊景立教授对组织公民行为进行了系统而全面的分析，但由于该研究是在 1998 年完成的，距今已经 10 多年，而 10 多年来，中国企业的经济环境和物质条件都发生了巨大的变化，市场经济体制日趋健全，基础设施建设今非昔比，人们市场经济观念深入人心，人们的职业精神和职业道德、积极性和主动性都有很大提高。企业竞争环境的巨大变化，导致企业对员工的行为要求也发生了变化，员工的组织公民行为在变化了的竞争环境和物质条件下其内容也会发生变化。罗明亮（2005）、张艳秋（2003）、姚艳红和肖石英（2005）等人分别从积极主动、帮助同事、自觉学习、人际和谐以及组织认同等方面提出了关于分析维度的新观点，其中，认为将积极主动、帮助同事、自我发展、人际和谐作为组织公民行为的主要维度成为研究者的共识。

第二，进行专家访谈。在访谈中，笔者共拜访了 10 多位具有代表性的企业界人士和 2 位笔者所在学院的员工行为研究专家。企业界人士包括 4 位银行及保险机构领导、2 位银行职员和 2 位中小企业总经理，他们中有 2 位拥有管理学专业的学士学位，有 4 位获得了管理学专业的博士学位，1 位在读在职 MBA，1 位获得了管理学硕士学位。他们参加工作的时间都在 6 年以上，其中两位银行管理人员的从业时间分别为 11 年和 13 年，两位中小企业总经理的从业时间也有 10 年或以上，他们对于企业对员工行为的要求以及这种要求的变化有着深刻的体会，在理论上也有着深刻的思考。经过与笔者的深入沟通，他们对本课题研究的问题有了比较深刻的理解。不管从理论水平还是实践经验来看，他们都应该成为对组织公民行为分析评判的专家代表。两位员工行为研究专家都是笔者所在学院的教授，对员工行为的研究都有较高造诣。因此，笔者所访谈的专家们的观点应该具有较高的参考价值。

访谈的具体做法是：笔者分别向几位专家简单介绍本研究的主题，尤其是让他们充分了解组织公民行为和组织内部员工社会网络的相关概念，以及本研究的核心议题。然后将樊景立提出的组织公民行为维度和量表测量项通过 E-mail 发给他们，两天后再进行一一拜访。通过分别采取面对面或在网上讨论等方式，几位专家对本量表提出了比较一致的看法，认为：其一，樊景立教授所列指标涵盖了所研究概念的全部内容，并且指标具有一定的解释能力，反映了当时的历史条件下的组织公民行为的内容；其二，由于我国社会经济发展和企业竞争环境的变化，有些维度已经不合时宜，需要取消，有些维度的内容需要重新在 10 个维度中进行整合，有些还需要增加。在此，本研究对访谈的具体观点综述如下：

专家们认为，樊景立等人提出的如"保护和节约资源"以及"保持工作环境整洁"两个维度不应该是组织公民行为的超角色行为，而是员工的必然行为，即企业组织对于员工的基本要求。对此，有专家认为，虽然现在企业在工作职责中没有明确规定员工必须保持个人工作环境整洁、保护和节约资源等，但作为一个员工，这是最起码的要求，如果连这一点都做不到的话，那这位员工就没有达到一个员工的基本标准，或者说如果员工做不到的话，可能会被惩罚，而做得非常好的话，也不会被表扬。因此，从组织公民行为的超角色概念上理解，此项可以归入正式工作内容当中，而不再是超角色的组织公民行为概念所包括的内容，这一维度随着时代的变化，在组织公民行为维度中将自然消失。这对于中小企业来说也同样适用，因为虽然中小企业没有银行正规化程度那么高，员工的整体素质也没有银行高，但是同样强调规范和环境的整洁，因为这反映了一个企业的形象，因此同样也认为那是员工必须具备的素质，因而应该将"随时清洁与打扫个人的工作环境"、"节约资源"理解成制度中的内容，将其视为组织公民行为不再合适。同理，参与群体活动、维护组织形象、参与公益活动，不应该看成组织公民行为的内容，因为每个人都有义务维护组织形象、参与公益活动等，否则会被认为是不称职的。如银行经常进行公益活动，如反假币、国家金融政策的宣传等活动，参加这一活动将作为每年的社会服务部分进行考核，这在银行中尤其突出。基于以上分析，本研究将保护和节约资源、保持工作环境整洁、参与群体活动、维护组织形象以及参与公益活动等都不纳入组织公民行为的维度范围。

专家们认为，对于组织公民行为维度的理解主要应抓住积极主动、帮助同事、人际和谐和自我发展四个方面。这既反映了西方研究者的理论观点，又有中国新时代背景下的考量。这种对组织公民行为维度的归类与Organ（1988）等西方学者的提法有相似之处，这也说明了市场经济中的企业对员工行为的要求，不管是西方还是中国，都有相似之处。同时本研究对每一维度的含义都赋予了新的内容，既与以往文献研究相衔接，又结合了中国本土文化和时代的要求。本书将对这四个维度进行具体分析。

专家们认为，积极主动指在工作中、在组织的发展中，积极和主动地参与，主要包括主动地提出改进工作的建议，积极提出对企业发展有利的合理化建议，主动向外界介绍或宣传企业的优点，义务宣传和介绍企业产品,积极主动地为企业利益着想等。这一维度对于今天的企业来说仍然是重要的。

经过讨论,专家们认为,帮助同事维度指员工在工作上自愿地做出对同事有利的行为。这一维度主要体现在工作上帮助同事,如当同事工作负荷过重时自愿提供协助,帮助新进同事适应工作,以及解决同事在工作上遇到的困难等。几位专家强调,在我国20世纪末以及21世纪初,同事之间的帮助既涉及工作的内容,又有生活的内容,而且工作跟生活往往是分不开的,员工之间生活上和工作上的相互帮助是缺一不可的。这主要是由于当时改革开放不久,由计划经济向市场经济过渡,市场经济发展还比较落后,整个社会物质水平还很低,公共资源相对缺乏,由社会承担的福利制度还很不健全,许多资源和福利的获得还需要组织的帮助或某种关系才能得到,同事之间在生活上的帮助具有重要的意义。因此,同事之间除了工作上相互关心外,还包括生活上的帮助。但是在今天,随着我国市场经济的发展,相关的社会服务如小孩上学等能够公平地、公开地有制度性安排和保障,同事之间的工作帮助和生活上的帮助可以分开,这既是整个社会经济发展的必然结果,也是组织分工的必然要求,直接促进工作技能的提高,促进了组织的发展。因此,帮助同事维度强调工作上的相互帮助,而不再包括在生活上的相互照顾。因此,本书对这一维度的解释与西方的观点接近,但与樊景立教授的分析有所不同。

自我发展指员工根据企业发展的需要自觉提升自己的知识和技能。如员工自觉参加各类培训、进修以及采取各种方式提高自己的工作品质等。随着市场经济的发展,人们"职业"意识不断增强。人们自觉学习不仅是为了满足工作发展的需要,人们的自我意识也在不断增强。因此,本研究认为自我发展这一维度是员工组织公民行为的重要维度之一。自我发展维度在中国文化背景下比较重要(樊景立,1998)。因为在我国,整个社会还没有形成完整的职业培训体系，人们为了既适应现在工作的要求，又适应市场发展的需要，就必须自觉自愿地寻求培训机会。尽管对这一行为企业并没有明确的规定，但其符合企业发展的根本利益。

人际和谐变量充分体现了"和为贵"的中国文化核心价值观，更多地体现了对员工本身的生活和家庭的关心和帮助，以达到和谐相处的目的。因此，人际和谐维度更多地体现为对员工生活上的关心以及解决员工个人私事方面，如自愿协助同事解决生活中的实际困难，同事家庭有困难时，会主动去安慰和资助，自愿协助解决同事之间的纠纷等。对这一维度的内容的明确界定，实质上反映了中国企业的发展和社会的进步，因为人们在工作之中可以公私分开了，不会再将工作和生活混在一起。

通过以上分析，访谈中专家们总结提出的积极主动、帮助同事、自我发展和人际和谐四个维度，既体现了中国文化的特点，又反映了当前社会发展的时代特征，能够比较系统地解释中国企业现阶段组织公民行为的概念及内容。这一观点还将在后面的实证研究中得到验证。

3.1.2 员工个体社会网络维度分析

组织内社会网络是组织内员工之间根据自己的价值观、兴趣爱好自愿地相互联系而结成的非正式的网络关系。员工的社会网络反映了员工的自愿性和自主性，实现了跨越正式组织规定的小部门的制约，如跨职能部门、跨车间小组等。组织内员工之间的非正式社会关系，是由于职务等级和工作交流建立起来的，反映员工的自愿性（刘楼，2008）。工作交流的员工之间在正式工作交流的过程中，发现相互之间有共同的兴趣爱好而结成友好的网络关系。组织内员工之间网络关系包括领导与下级之间的上下级关系和同事之间的平级关系。不管是由于工作而形成的关系，还是由于某种联系而形成的组织平级关系，克拉哈特（1990）将其分为情感网络（Affective

Network)、咨询网络（Advice Network）、情报网络（Information Network）和信任网络（Trust Network）。其中，情感网络对个体的行为影响最大，其次是咨询网络，再次是信任网络。情报网络对个体的行为几乎没有多大的影响（Krackhardt & Brass，1993）。克拉哈特（Krackhardt，1990）进一步指出，情感网络和咨询网络是组织内部员工之间最常见的社会网络。

情感网络就是员工为了情感交流的需要（这一观点可以用马斯洛的需要层次理论解释）而建立的自愿性情感网络关系，这种情感关系以信任为基础，情感网络会对员工之间的关系以及对组织的关注程度有影响。朋友多的人就容易获得更多的工作或生活上的帮助，员工为了维持这一优势，同时也会给予更多同事帮助，也更珍惜组织的发展。因此，情感网络规模较大的员工，也容易并有更好的条件帮助他人，同时得到更多的同事的信任。

咨询网络指员工在工作上自愿向他人请教或主动帮助他人，同样具有自愿性和积极主动性。其作用体现在两个方面内容，一方面是个体为了提高工作效率而自愿向他人请教工作上的经验和建议，个体能够请教的人越多，个体咨询网络规模就越大，个体获得的工作信息就越多，就越容易提高自己的工作技能，从而促进企业的发展；另一方面是在个体遇到工作上的困难时，谁会主动地帮助、指导个体。这与自愿性的方向正好相反，当个体遇到工作上的困难时，得到自愿帮助的人越多，反映了个体的咨询网络规模越大。咨询网络与情感网络表现内容有很大不同，咨询网络是员工之间因工作有关的信息交流而建立的网络关系，这种工作信息的交流和帮助不是正式工作规定的，是员工自发地为了提高工作质量而进行的，是以技术交流为内容以及技能提高为目标的，体现了非正式性，因而，咨询网络也属于非正式社会网络。

罗家德（2005）认为，情感网络和咨询网络可以概括中国企业组织内部员工之间的社会网络，并指出，信任网络可以归并到情感网络之中，因为情感关系是个体之间以信任为基础的关系。在本研究中，为了研究的方便，忽略了员工关系的方向。

组织内员工个体社会网络是组织内部员工之间因为社会交往的需要而建立起来的非正式的社会网络，反映了员工之间的互动关系，是在正式组织中形成的而又独立于正式组织的人际关系网络，是个体层次的社会网络研究。通过情感网络和咨询网络这两种网络可以理解组织内部社会网络的关系特征（Burt，1982；Brass，1984。转引自刘楼，2008）。刘楼（2008）指出，这两种网络毕竟是组织中最普遍存在的，它们具有典型的代表意义。本研究将继续沿用这种分类，将情感网络和咨询网络作为员工社会中心网的结构维度。员工个体社会网络中心性是反映员工在网络中的位置的最主要的指标，不同的人在同一网络中有不同的网络中心性，同样的人在不同的社会网络中亦有不同的网络中心（Scott，2006）。因此，本研究对员工社会网络位置进行测量时，采取情感网络中心性和咨询网络中心性两个测量指标来测量员工个体社会网络位置。由前面的分析得知，测量中心性的两个方法是相对程度中心性和中介中心性，这样就可以得到情感网络程度中心性和情感网络中介中心性、咨询网络程度中心性和中介中心性四个指标维度。由于这四个指标可以直接采取调查以及计算获得，因此，本研究将其直接作为研究的前因变量的显变量。

3.2 研究模型设计

本书所研究的核心问题是组织内部员工社会网络对组织公民行为的影响，沿此主线提出本研究的总体框架。

关于社会网络对人的行为的影响，传播理论对此做了比较系统的解释。传播理论认为，人的态度的形成和最终行为的选择会受到个体社会关系的影响，只是这个影响可能是正的也可能是负的，也可以是强的或是弱的。正向影响为社会互动原则，即两个能够积极相互交换信息的团体成员的观念会渐趋一致，由此对待事物的态度以及最终的行为选择也有相似之处（Salancik & Pfeffer, 1978）。负向影响如伯瓦索（Bovasso, 1996）所指出的"反感染力"（Anticontagion），即一个人如果认为自己周边的人都不认为他有领袖气质，反而会激发起这个人的领袖感来；反之，一个人陷在自认为是领袖的一群人中间时，他会渐渐认为自己只是一个跟随者。传播理论关于社会网络对行为的影响的解释，充分说明了人们在网络中位置不同而形成行为选择上的差异。事实上，社会网络理论从其发展的初期，就已经证明了网络对个体行为具有影响这一命题，这一论据在格兰诺维特的弱关系理论、林南社会资本理论以及博特的结构洞理论分析中都有涉及。如人们对求职成功的解释是，个人求职动机的产生、方式的选择以及向谁咨询都是由其周围的关系决定的。当个体拥有更多的弱关系，或处于结构洞的位置，或拥有更多的社会资本时，其求职成功的几率远远大于与此相反的人。总之，这些理论解释说明，一个人的行为选择不是在真空中进行的，他受到周围社会关系的影响，甚至对态度及行为的选择起决定性作用。

员工社会网络中心性反映了员工对信息、资源的控制能力。网络中心性本身就反映了个体的网络位置，中心性的位置意味着相关信息和资源的获得与控制（Burt, 1992）。根据社会资本的观点，组织内的社会资本主要由具有网络中心位置的员工控制，中心性越突出，社会资本的获得能力就越强，就越能得到自己需要的信息和资源（Lin Nan, 2001）。就情感网络来看，情感交流和互动反映了员工之间、员工的自主性和自愿性的主观选择，超越了部门、车间的限制，更多地反映组织内部的强联结，员工的情感交往超越了正式组织的制度规定，是基于个人与个人之间的吸引，从而影响个人的行为选择。

因此，本研究认为，情感网络中心性越突出的人，越会给予他人帮助,会在工作中更加积极主动,同时更加关心组织的发展,主动维护组织的和谐稳定,并不断地提高自身的工作技能,以适应不断发展的工作需要。情感网络交往的互惠性、频率反映了人际交往的持续性和密切性。因此,具有情感网络中心性的员工,会取得更多的信任,在相互交往中,以信任为基础的互动更容易得到组织内部知识分享和信息,更容易获得自己需要的资源。具有情感网络中心性的员工就可能更加珍惜组织的发展,就可能更加自觉地维护组织的利益、维护组织的形象,会主动地为促进组织的发展献计献策,帮助其他同事,从而实施组织公民行为。咨询网络中心性反映员工为了提高自身的工作技能而获得帮助或者给予他人的帮助。咨询网络中心性对自我发展、帮助同事、人际和谐和积极主动方面都有正向影响。为此,本研究提出总体框架设计如下图3-1。

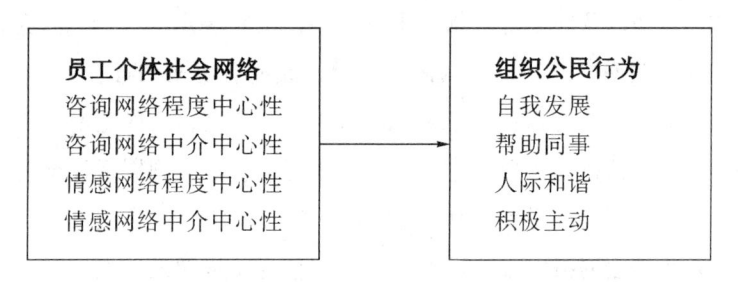

```
┌─────────────────────┐      ┌─────────────────────┐
│ 员工个体社会网络     │      │ 组织公民行为         │
│ 咨询网络程度中心性   │ ───→ │ 自我发展             │
│ 咨询网络中介中心性   │      │ 帮助同事             │
│ 情感网络程度中心性   │      │ 人际和谐             │
│ 情感网络中介中心性   │      │ 积极主动             │
└─────────────────────┘      └─────────────────────┘
```

图3-1 员工个体社会网络对组织公民行为的影响研究总体框架

3.3 研究假设

基于个体层次的社会网络分析认为,个体的行为选择是由其在社会网络中所处的位置影响甚至决定的(Salancik & Pfeffer, 1978; Granovetter, 1995)。个体在社会网络中的位置由社会网络中心性测量,本研究具体以相对程度中心性(在后面的实证中简称程度中心性)和中介中心性两个指标测量。个体社会网络中心性反映了个体社会网络相对规模大小以及获取社会资本的能力。

个体社会网络中心性突出程度可以预测对个体组织公民行为的影响。员工社会网络中心性一方面取决于个体与他人直接交往的联结数,即规模(Freeman,1979),在本研究中,主要指个人直接与他人交往的关系数量,交往的关系数越多,个体的程度中心性越突出;另一方面取决于结构洞位置,即个体在社会网络中的结构,个体承担的"桥"的位置越明显,结构洞位置越突出,个体的中介中心性越突出。不同的网络用相对程度中心性测量,即员工的实际网络关系数除以员工所在组织的网络最大可能的关系数。个体网络程度中心性越突出,获取社会资本的能力越强。基于此,个体的社会网络规模也必然扩大,个体所得到的同事帮助就多。反过来,对于个体,为了得到更多的期望回报,也会帮助他人,同时个体为了保持自己在网络中拥有的一切,也会更加注意企业组织的发展。

基于社会资本角度的分析,员工个体社会网络中心性越突出,个体所拥有的社会资本就越多。一方面,个体社会网络中心性越突出,意味着员工社会网络联结的个体越多,获得社会资本的规模越大,能力就越强,就越能够得到他人的帮助,这是从规模层面上来讲;另一方面,个体社会网络中心性越突出,意味着个体越有能力去帮助他人,就有更多的条件帮助他人提高工作技能、解决生活中遇到的困难。根据林南(Lin Nan,2001)对社会资本理论的解释,组织内个体社会网络中心性由于联结的数量多,个体可以获得更多的社会资本,从而获得更多信息以及比较宽泛的与他人交流的渠道,中心性越突出,员工获得并给予他人信息、资源的能力就越强,相应获得以及给予的社会资本就越多。因此,中心性不同,员工获得社会资本的能力就不同,员工控制的信息、资源就不同。对于程度中心性,刘楼(2008)认为,中心性越突出,个体所影响的范围就越广,个体就会越容易获得自己需要的资源。同时,具有较高的社会网络中心性的员工,为了保持自己的社会资本优势,会越加关注组织的发展，越愿意为组织发展发挥自己的优势。格兰诺维特（1973）在 The Strenghth of Weak Tie 一文中用弱关系理论分析组织内部员工关系的中心性。他强调，在员工自发形成的社会网络中，强联结容易使员工之间形成资源分享，有利于隐性知识在员工之间的传递，有利于维护社会网络的结构，从而促进组织绩效的整体提高。弱关系可以使员工获得不同的信息，获得强关系中无法得到的社会资源，从而弥补强关系中的信息和资源。因此，对于中介中心性，博特（Burt，1994）认为，占据结构洞的位置容易获得网络位置中心性，容易成为信息桥，从而控制三方关系中的两方，从而占据获得社会资本的优势。同理，中介中心性突出的位置，也容易获得弱关系的联结，更容易获得社会资本，占据信息和资源的优势位置。刘楼认为，具有情感网络中心性的人会得到交往者更多的信任，就会降低人际交往的成本，也会得到更多的社会资本。因此，情感网络程度中心性反映个体网络规模，在互动频率、感情力量和亲密程度上都体现出强关系的特点，都体现出较强的信任关系，那么成员之间的交流就更加充分，交流的成本也更低，获得社会资本的成本会很低，员工也会有更强的归宿感。情感中心性越突出，个体所得到的信任就越多，社会资源就越丰富。情感中心性越高，员工之间就越容易相互帮助，越容易形成良好的人际关系，保持人际和谐的氛围。情感中心性越高，越容易与其他员工形成互动，获得数量更多、质量更高的社会资本。格兰诺维特解释说，情感网络中心性越突出的员工比其他员工更容易产生更多或差异性的信息，更容易获得弱关系位置。情感中介中心性突出的员工，越容易在员工情感的交流中充当桥的职能，有利于其他个体之间情感的交流和互动，个体也容易在这种桥的位置中获得更多的社会资本。因此，一名在组织内德高望重或者声望很高的员工，在规模上、位置上拥有获得社会资本的优势，就会更加珍惜并愿意维护目前的社会网络结构，更加珍惜组织的声誉、更加关心组织的成长、更有积极性维护组织形象,也会自觉地对组织发展献计献策,积极、主动地参与到组织的活动当中,为组织发展出力,同时加强自我发展的积极性也就越高,在工作中更加积极主动,帮助同事,维护人际和谐,更在乎组织或其他员工的评价,他们就会在组织活动中主动参加对组织发展有利的活动,起到模范带头作用,在人际关系中,喜欢帮助他人,维持和谐的人际关系。本研究认为,拥有相对程度中心性和中介位置优势的个体中心性越突出,拥有的社会资本就越多,员工在组织中更加积极主动,更有自我发展的动力,更愿意积极地帮助同事,并积极地保持人际关系和谐,积极主动地对企业发展提出合理化建议,主动向外界介绍或宣传企业的优点,介绍企业产品。因此,本研究提出以下假设:

H1　情感网络中心性对组织公民行为有正向影响

H1a　情感网络程度中心性对自我发展有正向影响

H1b　情感网络程度中心性对帮助同事有正向影响

H1c　情感网络程度中心性对人际和谐有正向影响

H1d　情感网络程度中心性对积极主动有正向影响

H1e　情感网络中介中心性对自我发展有正向影响

H1f　情感网络中介中心性对帮助同事有正向影响

H1g　情感网络中介中心性对人际和谐有正向影响

H1h　情感网络中介中心性对积极主动有正向影响

咨询网络中心性不同于情感网络中心性,它具有工具性和技术性。咨询网络中心性是工具性的,是与工作相关的信息和资源网络关系。情感网络更主要地表现为一种员工与员工之间的强联结,是外人难以得到的默会的知识和信息,这是咨询网络与情感网络最根本的区别。一般认为,在社会网络中,行动者除感情交流外,还有以下方面的交流:一方面为了提高自己的工作技能和获得更多的发展机会,总是向其他员工咨询提高工作质量的信息,寻求工作中的帮助;另一方面,也向他人提供工作咨询。这种与工作相关的咨询行为,是员工为了进一步提高工作数量和质量而自发地向其他员工请教，或给他人的一种信息帮助，或得到他人的帮助。因此，咨询网络总是体现着与工作有关的资源和信息以及相关的其他社会资本（Lin Nan，2001）。咨询网络中心性反映网络中心性高的员工由于掌握了大量相关工作的经验和技术，在技术和经验交流方面具有一定的权威。由于网络中心性高，员工得到了他人的更多帮助，个体也会主动地给予他人工作上的帮助和指导。从社会资本的角度解释，咨询网络程度中心性反映拥有网络中心性越高，员工与其他个体讨论工作的机会就越多，员工拥有的社会资本也就越多。因此，咨询网络中介中心性越突出的员工，就有更多的机会获得与其他员工交流工作信息的机会，员工就有可能对个体之间交流起着控制性的作用，就越容易获得相关的社会资本，那么他就在员工中拥有更多的咨询权威，也由此增加了对他人咨询服务的能力，以及对他人的影响力。博特（Burt，1994）指出，咨询网络中心性越高的员工就会拥有一种非正式的工作信息影响权力，这些权力是他获得各种资源的途径，这些资源既可以帮助自己提高工作技能，也可以帮助他人，因此，有更加充足的社会资本帮助他人，在人际关系中获得更多的优势，因此，咨询网络中心性对帮助同事有正向影响。咨询网络中心性越高的个体越在意组织的发展，如积极介绍和宣传企业优点，义务宣传和介绍企业产品，在组织中就越积极主动，从而推动组织的发展，因此，员工咨询网络中心性对员工积极主动有正向影响。个体的网络中心性越突出，获得的技术成长的成本更低，进行自我工作上的创新和技术更新，更有优势获得升迁或者在正式组织中占据更重要的位置。咨询网络中心性突出的人，对工作的认知程度比较高，对角色的认知度较高，对组织的认同性更强，更珍惜维持组织的发展，更有可能积极主动地投入到工作的技术创新和管理改革当中，从而推动组织绩效的提高，自我发展的积极性和主动性越高（Podsakoff et al.，2000）。个体咨询网络中心性越突出，就越容易帮助同事，保持同事之间的友好关系和和谐氛围。因此，本研究认为，拥有咨询网络中心性和咨询网络中介中心性的位置的个体，在工作中自我发展就越突出，就越愿意帮助同事，同时积极地维护组织的人际和谐，也更加愿意并积极地利用自身优势帮助其他同事。因此，本研究提出以下假设：

H2　咨询网络中心性对组织公民行为有正向影响

H2a　咨询网络程度中心性对自我发展有正向影响

H2b　咨询网络程度中心性对帮助同事有正向影响

H2c　咨询网络程度中心性对人际和谐有正向影响

H2d　咨询网络程度中心性对有积极主动正向影响

H2e　咨询网络中介中心性对自我发展有正向影响

H2f　咨询网络中介中心性对帮助同事有正向影响

H2g　咨询网络中介中心性对人际和谐有正向影响

H2h　咨询网络中介中心性对积极主动有正向影响

按照罗家德（2005）的论述，本研究采用情感网络程度中心性、情感网络中介中心性、咨询网络程度中心性和咨询网络中介中心性作为对组织公民行为影响的前因变量。组织公民行为包括自我发展、帮助同事、人际和谐和积极主动为结果变量的四个维度，建立如下研究模型，见图3-2。

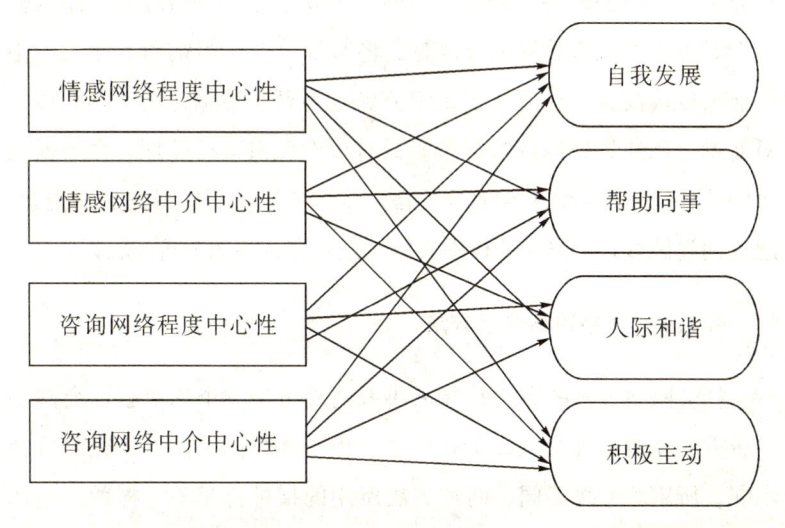

图3-2　员工个体社会网络对组织公民行为的影响研究模型

4 问卷设计及研究方法

4.1 研究方法

本研究在数据分析中主要采用两种方法：社会网络分析方法和因素分析方法，关系数据用社会网络分析的方法，属性数据用因素分析的方法。首先利用社会网络分析方法对员工在组织内社会网络的中心性进行计算，即对个体在社会网络中的情感网络程度中心性、中介中心性和咨询网络程度中心性、中介中心性进行计算。用软件UCINET6.2对关系数据进行计算，将所得数据作为结构方程模型中的前因变量数据，然后结合组织公民行为调查数据，用AMOS模型对变量之间的数据进行拟合检验，对假设关系进行验证。在数据收集中主要采用访谈法和调查问卷法。访谈专家法可以得到定性概念；通过问卷调查，可以得到样本数据，进行实证性的分析和验证。

4.1.1 社会网络分析方法

社会网络分析的方法总体来讲有两种方法：个体中心社会网络分析方法和整体社会网络分析方法。由于视角的不同、研究的目的不同，所用的方法不同。两种方法所用的指标都是不一样的。整体网络方法侧重于研究网络结构，个体网络侧重于研究个体的网络位置。在本研究中，采用的是个体网络分析的方法。个体中心社会网络分析主要测量个体在社会网络中的位置，本研究用程度中心性和中介中心性两个指标进行测量。

相对程度中心性的算法是：将调查获得的样本关系数据除以该样本所在的网络最大关系数得到。其中样本关系数据可以通过抽样调查的方法获得，样本所在的组织的最大关系数，可以通过问卷调查同时获得，也可以通过在调查中对样本的相关人员调查获得（如样本的上司等）。

中介中心性的计算：将调查得到的咨询网络和情感网络两个矩阵，利用社会网络分析软件 UCINET6.2 计算获得。由于本研究是对员工社会网络中心性进行计算，因此主要运用 UCINET6.2 软件中的 centrality 程序计算。具体计算方法是，首先将利用半开放式问卷所得到的关系变量数据汇成二进制邻接矩阵，如员工之间关系，"有"记为"1"，"没有"就记为"0"。也就是说，"1"代表员工 i 与员工 j 存在关系，"0"代表员工 i 和员工 j 之间不存在某种关系。将最后得到的矩阵结果输入软件中计算，计算的结果将是组织公民行为前因变量的检验数据。

4.1.2　统计方法

4.1.2.1　因子分析及效度和信度分析

因子分析在某种程度上可以被看成主成分分析的推广和拓展。它对问题的研究更加深入，是将具有错综复杂关系的变量综合为少数的几个因子，以理清原始变量与因子之间的相互关系。因子分析的实质是找出能综合所有变量的少数几个随机变量，然后根据相关性的大小把变量分组，使得同组内的变量之间相关性较高，不同组的变量相关性较低。因子分析不仅可以反映测项与潜变量之间的关系，同时可以检验构念的信度和效度。构念是反映事物本质特质的抽象概念，在研究中无法直接观察，需要有一些可以直接观察的变量进行测量，这些可以测量的变量就是一般所称的测项，也称为因子。因子分析分为探索性因子分析（Explore Factor Analysis，EFA）和验证性因子分析（Confirmatory Factor Analysis，CFA）。因子分析的过程实质上也是对构念的测项进行效度（Validity）和信度（Reliability）分析的过程。

  效度检验对构念解释的有效程度。构念效度反映概念的定义与测验之间的一致程度（Schwab，1980）。量表的效度包括表面效度（Face Validity）、校标关联效度（Criterion - Related Validity）、内容效度（Content Validity）以及构念效度（Construct Validity）等（罗胜强、姜艳，2007）。校标关联效度描述多个潜变量之间的关系，可以用路径模型（Path Model）的方式来检测效标关联效度。构念效度由聚合效度（Convergent Validity）和区分效度（Discriminate Validity）组成。聚合效度指不同的观察变量是否可以用来观察同一个潜变量，而区分效度指不同的潜变量是否存在显著差异。构念效度应该坚持三条原则：第一，测验最大可能包括目标概念中的各个成分；第二，指标表述清楚，并能最大可能地降低与其他相关概念的影响；第三，努力控制随机因素对测验的影响，如测验时的环境因素对心情的影响等。构念效度可以用因子分析来进行检验（Hair et al.，1992）。根据前面的文献分析知道，本研究需要检验的构念有员工社会网络中心性和组织公民行为两大部分，员工社会网络中心性维度包括情感网络程度中心性、情感网络中介中心性、咨询网络程度中心性、咨询网络中介中心性，组织公民行为维度包括积极主动、自我发展、帮助同事、人际和谐四个。本研究所应用的组织公民行为量表都需要进行效度和信度分析，而对于组织内社会网络测量量表，因其只有两个测量项，不需要进行效度和信度分析。内容效度是指测验内容在多大程度上反映和代表了研究者索要测量的构念（Haynes等，1995）。本研究将对组织公民行为和员工个体网络中心性两个构念的效度和信度进行讨论。具体做法是：先用KMO值来检验是否适合做因子分析。一般来说，KMO值大于0.5被认为可以做，大于0.7是比较满意的。然后抽取各测项的共同度，一般去掉共同度小于0.4的测项。选取因子负载大于0.5、特征值大于1、累计解释变量大于0.6的测项，提取公因子并结合理论分析命名。

信度用于衡量测项结果的一致性和稳定性。在测量中，除了效度外，还必须保证测量的稳定性和精确性，这就需要进行信度分析。我们用"信度"来评价测验结果的一致性、稳定性和可靠性，即测定相应变量的可信程度。信度可以理解为真实分数在测验得分中的比例。测量的随机误差越大，则我们得到的测验得分与真实分数之间的差距就越大，所得到的结果越缺乏信度，越不可靠。测量的真实分数和误差都是没办法直接测量的，所以信度无法直接计算，只能通过间接的方法对其进行估计。最常用的评价指标是针对Likert式量表开发的Cronbach's α（Cronbach，1951）。信度是衡量测量一致性或稳定性的指标。有三种方法：折半信度、再测信度和Cronbach α值。其中Cronbach α值较常用。一般 $\alpha < 0.35$ 时，表示低信度，；$0.35 < \alpha < 0.70$ 时，表示中信度；$\alpha > 0.70$ 时，表示高信度。根据经验判断，实际上 $\alpha > 0.60$ 时，就认为问卷题目的信度合格，问卷可接受（周文贤，2001；刘楼，2008）。在本研究中，对构念的信度分析使用Cronbach α值进行检验。

4.1.2.2 AMOS结构方程模型（SEM）分析

结构方程模型是一门基于统计分析技术的研究方法学，可用来处理复杂的多变量研究数据的探究与分析。重要的是SEM能够同时进行潜在变量估计与复杂因变量预测模型的参数估计，不仅可以进行多个变量的因子分析，还可以同时进行多个变量的结构分析，因此SEM被称为多变量统计分析。具体来讲，SEM是结合因子分析和路径分析，用于建立、估计和检验因果关系的一种统计分析方法。SEM关系到四类变量：内生潜变量（X）、外生显变量（Y）、内生潜变量（η）和内生显变量（ξ），它们之间形成三种关系：内生显变量对内生潜变量之间的测量关系（β系数矩阵）、外生显变量对外生潜变量的测量关系（Φ系数矩阵）以及外生变量对内生变量的关系（Γ系数矩阵），但实质上只有两种关系：测量关系和因果关系（邱皓政、林碧芳，2008）。三种关系可以用下列一般方程式表示：

$$y = \Lambda_y \eta + \varepsilon \qquad (4.1)$$

$$x = \Lambda_x \xi + \delta \qquad (4.2)$$

$$\eta = B\eta + \Gamma\xi + \varsigma \qquad (4.3)$$

其中两个反映测量模式的一般方程式是方程4.1和方程4.2，反映结构模型的是方程4.3，这三个一般方程式即可构成一个一般化SEM模型。

本研究中潜变量包括前因变量的情感网络程度中心性、情感网络中介中心性、咨询网络程度中心性、咨询网络中介中心性，以及结果变量的帮助同事、自我发展、人际和谐、积极主动四个变量（见表4-1）。由于前因变量中的四个潜变量可以直接测量，在这里将其当成显变量。因此，本模型中潜变量有四个，显变量也有四个。由此组织成的模型称为结构方程模型的混合模型。按照结构方程模型分析，本研究整体模型包括结构模型和测量模型。模型均来自于严格的理论推导，因此有着坚实的理论基础。在本研究模型中，参数所联结的变量之间假设关系是直接关系，带有方向性（见图4-1）。

本研究实际样本量420个，最大似然法（ML）要求样本量100～450个的规模（Hair et al., 1995。转引自刘楼，2008），是属于较大规模的样本量。因此，本研究参数估计采用ML法。一般而言，这也是结构方程模型中最常用的估计方法（侯杰泰等，2006）。

表4-1　　　　　　　　变量名称与字母代号

变量名称	字母代号
情感网络程度中心性	QGCDC
情感网络中介中心性	QGZJC
咨询网络程度中心性	ZXCDC
咨询网络中介中心性	ZXZJC
自我发展	SD（Self Development）
帮助同事	HC（Help Co-worker）
人际和谐	HM（Harmonious）
积极主动	IN（Initiative）

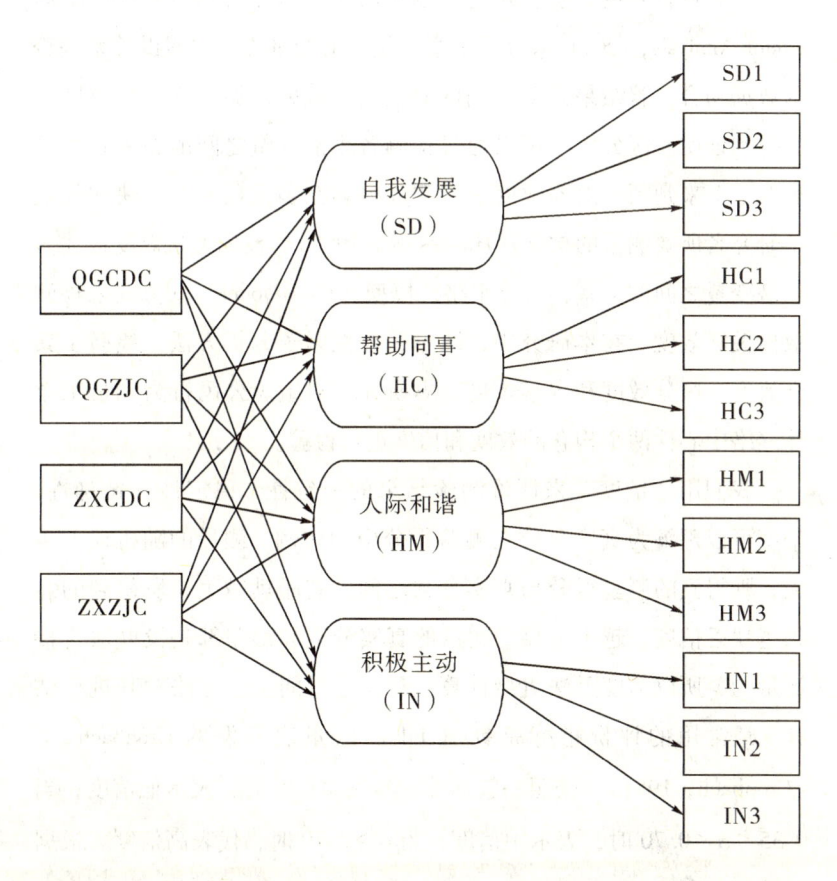

图4-1　员工个体社会网络对组织公民行为影响研究全模型结构示意图

4　问卷设计及研究方法 | 129

4.2 问卷的效度和信度分析

4.2.1 组织公民行为问卷的效度和信度分析

对于问卷的设计还需要进一步的效度和信度检验,以评价其测量质量的高低。效度和信度较好时,问卷质量才好,才可称得上真正的测量量表。

首先进行效度分析。在此可以用验证性因子分析(Confirmatory Factor Analysis,CFA)来判断观察变量与潜变量之间的假设关系是否与数据吻合。若结果证明我们的假设是正确的,那么其聚合效度也就得到证明。区分效度可以通过检测各个潜变量之间的相关系数显著低于1来判断。内容效度是指测验内容在多大程度上反映和代表了研究者所要测量的构念(Haynes 等,1995)。校标关联效度描述多个潜变量之间的关系,可以用路径模型(Path Model)的方式来检测效标关联效度。在本研究中,通过验证性因子分析方法,检验了聚合效度、区分效度和内容效度。本研究将对组织公民行为和员工个体网络中心性两个构念的效度和信度进行检验。

我们用"信度"来评价测验结果的一致性、稳定性和精确性。信度可以理解为真实分数在测验得分中的比例。测量的随机误差越大,则得到的测验得分与真实分数之间的差距就越大,所得到的结果越缺乏信度,越不可靠。测量的真实分数和误差都是没办法直接测量的,所以信度无法直接计算,只能通过间接的方法对其进行估计。最常用的评价指标是针对 Likert 式量表开发的 Cronbach's α (Cronbach,1951)。按照一般标准,当 $α<0.35$ 时,表示低信度;当 $0.35<α<0.70$ 时,表示中信度;当 $α>0.70$ 时,代表高信度。根据经验,实际上一般只要 $α>0.60$,即可认为问卷题目的信度合格,问卷可以接受（周文贤，2001；刘楼，2008）。

本研究将采用定性和定量的方法评价组织公民行为构念测量的效度。定性的方法是通过前面所提到的专家访问法以及100名本科学生对构念进行主观判断。检查包括两个方面的内容：一是分析所列测验指标是否具有测量代表性；二是测量项是否涵盖了所研究对象，以及是否有未包含的内容，并列举。定量的方法采用问卷调查的方法进行。

首先，笔者利用在商学院工作的方便，从学院组织了约100名大三及大四的企业管理专业学生。他们一方面对本研究的问题会有较专业的理论认识，另一方面他们具备一定的专业实践背景，因此，对本研究问题有比较深刻的认识。具体方法是将学生组织在一起，笔者让他们设想自己是企业员工，对问卷进行预答。笔者先给他们讲解调查的目的、研究的问题以及调查的内容，然后将问卷中的各个潜变量和测量项打印出来发给学生，其中将测量项（共37个）打乱，让学生根据自己的理解将每一个测量项与潜变量之间进行归类联结。如果某个指标只反映了某个概念，则在相应的测量项前面标"X"，如果这个指标同时反映了多个概念，则在最接近的概念下标"1"，次接近的概念下标"2"，依此类推。如果认为它与所有的概念无关，则将其归为"其他"。如果还有对某一个潜变量的测量项需要补充的话，将补充项写在后面。最后，根据测验指标反映概念定义的程度，笔者为每项评价分配了一个权重分数（如笔者将"X"记作3分，"1"记作2分，"2"记作1分，"其他"记作0分）。在此基础上计算各个指标在每个概念上的得分，最后将得分进行加总，得出每个指标反映各个概念的百分比。得分在80%以上的题项将保留，否则将取消。如果一个测验指标能够在所要测量的概念上得分超过80%，就认为它有良好的内容效度。本研究最后得到的结果基本能反映笔者在前文提到的维度测量分类。

在这里要说明一个问题：为什么找学生进行预测而不是直接找

企业员工？在一定程度上能解决问题的基础上，这主要从便利角度考虑，具体原因有：笔者所组织的学生都是管理专业的学生，专业理论基础较扎实，能够从专业的角度理解笔者的意图，并且大三、大四的学生，有一点专业实习和专业训练经历，对员工行为有了一定的认识。这虽然不能全部代表现实中的企业员工，但可以说明问题，这在国外研究中也是常用的，得到一定认可（杨志林，2008）。因而，得到的结果会比较可信地说明问题。另外，组织学生样本在100人以上，足够多的样本数有利于预期结果的获得。通过学生进行预测只是进行初步的筛选，具有一定的参考意义。因此笔者在学生中进行的分析，可以作为参考的依据。

其次进行专家的主观评价。同样，笔者将樊景立教授的问卷测量项以及想要测量的组织公民行为的维度分析内容交给笔者精心挑选的业界和理论界的部分专家，让他们帮助笔者分析本书所提出的内容是否能够全面反映组织公民行为概念以及就题项能否反映构念内容等问题提出意见并进行讨论。本研究用专家访谈的方法来验证本研究的维度分析。笔者在第三章所进行的组织公民行为维度分析中对这一活动已经做了详细的描述，在此就不再赘述。

以上的方法测验内容效度都是主观性的，从主观分析问题，但最终还是要进行定量分析，对主观评价进行验证，这也是最可靠的方法（侯杰泰，2006）。所以本研究还要用定量的方法对组织公民行为维度量表进行效度和信度分析。本研究所取得的样本是笔者所在的商学院的 MBA 学生，在 MBA 学生中进行预调查。本研究选取样本的条件是在一个企业连续工作 1 年以上的 MBA 学生，因为连续工作 1 年就可以认为在其工作单位有了比较丰富的工作经验，有了一定的工作圈子和朋友圈子，即形成了相对比较稳定的组织内部社会网络（罗家德，2005）。笔者在学生课余时间亲自发问卷 180 份，并在现场给学生以指导，学生填写完问卷后立即收回，这样既保证了样本数，又保证了样本质量。调查共收回 175 份，实际有效问卷

160份。

本研究对所得的数据主要应用SPSS18进行因子分析。先用KMO值检验，结果是KMO=0.785，如果KMO>0.5就被认为可以进行因子分析（侯杰泰，2006）。本研究采用验证性因子分析方法。选取载荷高于0.5的测项，经最大方差旋转后，强制性地抽去四因子（主要依据前面的理论分析即组织公民行为四个维度分析理论），形成组织公民行为的四维度构面，四个维度的Cronbach's α 为 0.810、0.787、0.793和0.783，不仅问卷合格，而且具有高的信度（α>0.70）。具体如下表4-2所示。

表4-2　　　　　　旋转因子矩阵图

Rotated Component Matrix

	Component			
	1	2	3	4
A1	0.862			
A2	0.737			
A3	0.606			
B4		0.815		
B5		0.787		
B6		0.727		
C7			0.858	
C8			0.769	
C9			0.778	
D10				
D11				0.706
D12				0.796
D13				0.839
α	0.810	0.787	0.793	0.783

KMO=0.787　　　sig=0.000　　　N=160

其中"1"代表自我发展、"2"代表帮助同事、"3"代表人际和谐、"4"代表积极主动。

从测量项与四个因子分析的结果来看，四个测量项对其因子的解释载荷都在 0.606 以上，最高达到 0.862，载荷都比较高，比较好地解释了潜变量，因而效度较好。从表中可以看出，D10 载荷值为空白，说明在进行四维因子抽取之后，载荷值太低，因此，在问卷中此测量项应该被删除。对这四个方面的测量项能够比较全面、准确地测量每一个被测量项（潜变量）。这一验证性数据分析，实证性地说明了本研究在文献分析、定性分析中将组织公民行为的维度分为四个方面不仅在理论上是合理的，在实践中也得到验证。因此，通过总的分析，本研究所使用的组织公民行为四维度概念模型以及对这四个维度的测量都是可以接受的，具有一定的可行性，可以引用并进行研究。

由此，通过定性和定量分析，本研究所使用的组织公民行为量表在信度和效度上都令人比较满意，可以保证本研究的质量和效果，在本研究的调查中，可以用此量表进行测量。

4.2.2　员工个体社会网络中心性量表的效度和信度分析

由于在本研究中，员工社会网络中心性使用半开放式问卷，其测量题目只有两个，可以直接进行测量，因此可以不进行信度和效度检验（Brass, 1983、1984、1993；Krackhardt, 1992）。但这并不是说没有效度和信度，只是说由于在本调查中，得到的社会网络数据经过一定的程序可以直接计算，其结果可以直接反映社会网络某一个体的网络位置，社会网络问卷具有以上特点可以不进行效度和信度检验。所以，对社会网络中的个体的位置特征来说，是计算得来的实际数据，因此，其四个变量可以看成是显变量，无需再进行信度和效度分析（Krackhardt, 1992）。

4.3 构念量表设计

4.3.1 组织公民行为量表设计

任何测量都是服务于特定研究目的的,理论不仅决定了需要测量构念的特征,而且也决定了研究者应该怎样去测量。因此,我们在测量中不仅使得构念在表达时学术化,而且使之可操作化,并根据研究的目的变成可以量化的指标。根据前面的分析和论证,构念组织公民行为的具体测量内容设计如下:

自我发展(SD):

积极参加各类培训学习,甚至下班后自费进修(SD1);

利用业余时间学习,提高工作能力(SD2);

努力充实自己以提高工作品质(SD3)。

帮助同事(HC):

当同事工作负荷太重时,自愿提供协助(HC1);

帮助新进同事适应工作环境(HC2);

乐于帮助同事解决工作上的问题(HC3)。

人际和谐(IH):

协助同事解决生活中的实际困难(IH1);

同事家庭有困难时,会主动去安慰和给予资助(IH2);

协助解决同事之间的误会和纠纷,以维护人际和谐(IH3)。

积极主动(IN):

主动提出对企业发展有利的合理化建议(IN1);

主动向外界介绍或宣传企业的优点(IN2);

义务宣传和介绍企业的产品(IN3)。

本研究对于组织公民行为构念测量将主要采用专家访谈法和问

卷调查的方法。调查问卷采用利克特量表（Likert Scale）五点计分法，要求被调查者自我打分。在目前中国企业管理研究中，对组织公民行为的测量分析中，使用得最为普遍的方法就是问卷法，要求样本自我评价（Li & Tsui, 2000）。其实，对于组织公民行为的测量有两种方法：一种是被调查者自我评价打分，另一种是进行360度打分。前者比较简单，容易操作，具有一定的可操作性，数据收集相对较容易；后者反映的内容比较全面准确，但调查比较复杂，收集数据也比较困难。由于本研究的核心问题是社会网络对组织公民行为的影响，因此第一种方法就可以满足研究的需要了。

4.3.2 个体社会网络中心性构念测量

在个体网络中心性的测量中，本研究采用情感网络程度中心性、情感网络中介中心性、咨询网络程度中心性、咨询网络中介中心性四个指标测量个体在网络中的位置。个体社会网络中心性的测量，有两种方法：一种采用半开放式问卷，利用封闭性的网络进行测量，运用整体社会网络视角和个体中心网络视角相结合的方法（刘楼，2008）；另一种采用随机抽取个体进行调查。第一种方法当然与整体网络调查方法相结合，并能够比较准确地得到网络测量数据。具体做法是在取得社会网络的测量资料时，一般是给出一个名单矩阵表（列出组织内部成员名单），让被调查者根据要求勾出相应的互动对象（陈荣德，2004）。但是，这种调查需要找的都是封闭性的网络，而且对数据的要求、对问卷质量的要求都比较高，要求在完整的网络中进行调查。即在调查中所得到的一个网络的数据如果有10%的调查访问者的作答不符合要求，那么这个网络的调查结果就被认为是不合格的，就不能算是有效数据（罗家德，2005）。这在大样本调查中是很难做到的，尤其要取得封闭性的网络名单并对网络中90%以上的个体进行调查，几乎是不可能的，要得到预期效果也几乎不可能。因此，这一方法在理论上是最好的，但在实际操作中难度较大，这也是社会网络尤其是整体社会网络分析应用受到限制的重要原因之一。罗家德（2003）、陈荣德（2004）等进行了系统的总结，鼓励研究者用第二种方法。

因此本研究采用第二种方法，即采取的是随机抽样的方法，操作简单，效果也比较好，可以达到预期目的。具体做法是：可以按照统计抽样的原则，对任何一个个体进行抽样，他或她一方面提供他/她小部门的人数，另一方面提供他/她与哪些人有情感交流或工作咨询交流，然后通过计算就会得到相对程度中心性和中介中心性数据。这里的小部门，特指在管理中相对独立且与其他部门联系相对较少的单位或团体。但往往这种方法要求有一个具体的数量，如常常要求列出三人或四人。陈荣德认为这种方法有一定缺点，比如有些人朋友数可能不到四人，有些人可能朋友数更多，当然有些人可能刚好有四人，因此容易产生误差。因此可以只限制上限即最多不超过几个，而不限制下限，这样既给被访者一个选择，又使研究可以得到相对客观的研究结果。

对于员工社会网络关系的认识不同，问卷设计不同。Ibarra、Hetminia（1992、1993）等人在情感网络测量中的问卷：在您想要影响重要决策时，您一般喜欢和谁交谈？在工作之外您一般和哪些人交往？在咨询网络测量中：您一般和谁讨论组织中的问题？如果您有工作上的问题或要做出相关决策时，您一般向谁咨询？在工作上您向_____（姓名）寻求过帮助和建议？在工作上您与_____（姓名）私下里进行过交流吗？Ibarra、Hetminia（1992、1993）等人的问卷设计更多地强调了点出度的测量，显得不全面，因为关系本身具有双向性。

Bondonio（1998）的调查问卷：_____（姓名）会向_____（姓名）寻求工作上的信息和帮助吗？_____（姓名）和谁是朋友？这一提问设计实质上将被调查对象置于一个旁观者的地位，与本研究不相符合。

罗家德、施淑慧、林敬尧等修改了 Krackhardt（1990、1992、1994）的问卷得到并使用的情感网络量表：在工作上遇到挫折或上司责难，您会向谁吐苦水？您和哪些人聊天时会谈到个人私事？咨询网络量表：在工作上有困难时，您会和哪些人讨论相关问题？在处理日常业务时，您会和哪些人共同讨论？

刘楼（2008）的量表设计了下面的测项（基本因子累计解释变异量93%）：情感网络：除了工作上的同事外，哪些同事也是您私下很要好的朋友（朋友关系，AN1）？哪些同事可以让您放心地告诉他个人的想法或私事（友谊信任，AN2）？咨询网络：当您在工作上遇到困难时，您会向哪些同事请教（工作咨询，CN1）？当您在工作上遇到困难时，哪些同事会主动指导您（主动指导，CN2）？

以上对于个体中心性的分析都区分了行为的方向，如"当您在工作上遇到困难时，您会向哪些同事请教？"在社会网络分析中，方向分为外向关系（Out-degree）和内向关系（In-degree）。不管是外向关系还是内向关系，都只能反映关系的一个方面，只能反映员工之间的关系，不能完全对员工个人和组织两方面的行为进行解释。因此，在本研究中只需强调是否有联系性，只需强调"是否有联系"，至于这种联系方向如何可以忽略。因此，在本研究中，不管采取哪种方式，语句如何表达，关键问题是把握个体中心网的实质网，强调网络规模和中介地位，不管关系的方向是点入的还是点出的，都是以个体为中心的考察，强调的是个体为中心的互动关系。因此，在分析中，不必分外向性和内向性的关系，只是确认关系的存在。

根据以上分析和本研究的实际需要，本研究采用1984年博特（Ronald Burt）整理的标准的个体中心社会网络问卷，也是罗家德（2003）推荐的进行个体网络调查的方法。本研究对个体社会网络中心性从两个方面进行测量，一方面关于咨询网络中心性的测量，采用"讨论工作的行为"，包括了个体对他人的帮助，也包括个体工作上需要请教时，由他人给予的主动帮助，时间期间在一年以上；另一方面关于情感网络中心性的测量，本研究用"哪些同事是你的朋友"语句，这在时间上比较模糊。两条测量项都涵盖了双向关系，符合本研究的要求。具体描述是：

（1）在过去一年时间里，在企业内部，您与哪些同事讨论过与工作相关的问题（尽可能多列举）？

（2）在企业内部，哪些同事是您私下很要好的朋友（尽可能多列举）？

从第一个测量项来看，与他人讨论工作，既有他人对"自我"的工作帮助，又有"自我"对他人的工作帮助，既包括接受又包括施予，比较恰当地概括了组织内员工之间的相互联系。因此，本研究将采用这一测量项测量个体的咨询网络中心性。对于咨询网络程度中心性，采用的方法是将样本提供的关系数除以个体所在网络的总规模来得到，样本个体的关系数由问卷获得，规模由随机抽取的员工个体提供。

对于第二个测量项，可以测量个体在网络中的友谊情感网络。因此，将用此测项测量情感网络中心性。与咨询网络所用的方法一致，用个体所提供的朋友数量除以个体所在的总体规模数获得情感网络相对程度中心性。

相对程度中心性用样本所提供的关系数量除以样本所在的网络中最大的关系数量来得到。中介中心性利用样本所得到的两个"0，1"矩阵，带入UCINET6.2软件中进行计算就可以得到。

另外，在问卷设计中，还涉及了人口学资料，包括：性别、年龄、学历、婚姻状况、在组织中的地位、所在的单位性质以及被调查者在本单位服务年限等。

5 数据整理及分析

5.1 数据初步整理

5.1.1 调查方案的制订

(1) 样本来源结构。在样本来源地域上,本书的研究对象是中国企业员工,故研究范围应尽量覆盖中国各地区,不仅包括地域上的考虑,还包括企业所有制性质上的考虑。因此,考虑到我国企业组织在客观上的多样性和中国文化背景的特点,本课题选取中国东、中、西部具有代表性的四川、深圳等地的企业,以国有和私营企业员工为调查和数据采集对象。在方法上,本研究采用随机抽样的方法。尽管社会网络分析方法在数据获取上有两种:随机抽样和封闭式网络(或叫整体网络分析法),但正像前面所提到的那样,整体性的网络调查在企业员工行为分析中很难操作。因此,从研究要具有普适性的意义方面考虑,本书采用了随机抽样方法。虽然采用这种方法所得到的结果并不是太准确,但针对本研究来说已经符合要求了。

(2) 量表调查质量保障。量表调查是我们主要的资料搜集方法,随机抽样的质量至关重要。本课题将根据 Churchill(1995)的建议,采用提高问题的明确性和对调查人员进行专业培训等方法来解决点差的无偏差（Nonresponse Bias）缺陷。本研究同时对回收的问卷进行显著性检验。在本研究中，量表的内容总共有三部分：员工个体社会网络中心性调查、组织公民行为和人口学特征资料。

调查实施中困难较大的是对员工在组织内的社会关系状况的调查。原因是，前面已经提到过，一方面在中国文化背景下，谁跟谁是朋友、谁跟谁不是朋友，以及谁跟谁交往密切等是比较敏感的话题，要在关系调查中保证样本的真实性比较难，要获得比较真实的数据，在调查的场景上、调查手段上要对调查者有较高要求（罗家德，2005）；另一方面，关系问卷从表面上看比较难填写，需要对调查对象进行一定的指导。因此，对调查的过程及调查人员要求较高，这一点笔者在调查中深有体会。因而本研究对调查的方方面面都要进行认真的考虑，以保障调查数据的真实性。这一点还将在后面的内容中做进一步分析。

（3）计划抽样的样本数量。根据统计抽样的基本原理，同时考虑本研究的效度问题，以及研究结论对我国企业管理的普遍指导价值，我们初步拟定本项目预调查所需要的计划样本量为近200个，抽样方法同前。如果调查通过检验，那么前期调查的数据同样纳入后面的调查检验当中，同时根据预调查的误差确定本项目正式调查的样本数量。在本研究中，最后采用428个样本量，属于大样本量。

5.1.2 数据收集及结构分析

本研究的核心问题是组织内员工的社会网络对组织公民行为的影响。因此，本研究问卷由三部分组成：组织公民行为题项、员工社会网络和个人基本资料及人口学统计。数据收集分为三个部分，数据分析包括相关性分析和变量的结构性分析。

对于组织内员工个体的社会网络调查，本研究的对象主要限定为在一定社会网络中的个体，采取随机抽样的方法，任意抽取个体，由样本个体提出他的网络联结情况，然后通过计算得到个体中心性所有变量的数据。在调查员工的咨询网络和情感网络时，本研究实质上是将填写5个以上的问卷视为有效问卷。因为5个以上应该是社会网络的基本规模，也是研究的基本要求（刘军，2007）。

前面提到过，比较困难的是社会网络调查。为了克服社会网络关系调查中遇到的困难，笔者必须依靠那些担任企业领导或某部门主管的比较亲密的朋友和校友的帮助。笔者首先与他们进行充分的沟通，获得他们的充分信任，赢得他们的大力支持。一方面让他们观察有哪些同事接受调查，而且提供某一具体样本所在网络的个体规模数据，这实质上是比较困难的一项工作；另一方面，需要从他们那里获得某一具体样本所对应的组织的规模数据（用于计算相对程度中心性）。本研究的调查在尽可能保证样本有代表性的情况下采取方便原则，这在社会网络研究中采用较多（罗家德，2005）。本研究的样本主要来自成都、重庆、广州、深圳等地，时间从2009年11月初到2010年4月中旬，历时近半年，采取访谈和问卷调查方法。访谈的对象都是主管，有利于了解组织的针对员工的组织架构和人员结构状况，主要是为后面的问卷调查打基础，以保证问卷的质量。

在员工的调查中，笔者以及调查团队首先必须与员工进行充分的沟通，从而获得他们的信任，以获得更为可靠的数据。本研究共得到11家企业的支持，使得调查能够顺利进行。在进行每一个企业的调查时，笔者都是亲自到场，要求企业员工当场填写问卷，并当场解答员工填写问卷时遇到的问题，同时在收集问卷时检查问卷填写情况，填写完以后当场收回。这样既避免被调查者担心个人资料在同事或主管面前泄露，也保证有较高的回收率。这样做虽说比较辛苦，但回收率较高，因此，本研究问卷的回收率都在95%以上，而且质量总体较高。

社会网络调查采用的是半开放式问卷，问卷设计主要参考的是罗家德（2005）提到的博特（1984）所使用的标准的自我中心社会网络问卷。在填写问卷时，要求员工们尽可能多填写，并且笔者在现场对填写好的问卷进行检查和解释。笔者在调查中遇到的问题之一就是员工们对问卷填写格式不理解，需要笔者解释。如社会网络问卷相对于普通问卷来说，很多人都感到陌生，填写形式需要解释，这就要求对填写的问卷仔细检查，对不符合要求的问卷，如有的被访者填写社会网络的一部分题项，另一部分空白等问题，笔者会要求其填写完整，否则整个问卷只能作废。

组织公民行为调查采取的是 Likert 五点记分制，采取的是自我评级法，要求员工对自己的组织公民行为做评价。这一部分数据收集时，相对于后面的社会网络的数据调查来说比较容易。

本研究总共发放问卷 450 份，问卷发放到 11 家企业。从最后抽样的结果来看，符合社会网络抽样和本研究需要的企业有 11 家，获得比较满意的有效问卷 428 份。在结构方程模型中样本低于 200 的样本结果是不稳定的。本研究得到 428 份问卷，符合进行结构方程模型检验的要求。样本地域来源结构分析见表 5-1。

表 5-1　样本所在企业结构和问卷发放回收情况

组织代号	调查部门	发放问卷数（份）	发放问卷数占总体问卷百分比（%）	有效回收数（份）	有效回收占发放问卷的百分比（%）	有效回收占回收总体百分比（%）
1	成都市农商行温江分行	71	15.8%	66	14.7%	15.4%
2	沃尔玛成都分公司	68	15.1%	60	13.3%	14%
3	太平财险成都分公司	43	9.6%	43	9.6%	10%
4	重庆桂华管理咨询有限公司	21	4.7%	21	4.7%	4.9%
5	农业银行成都分行	33	7.3%	33	7.3%	7.7%
6	深圳网络技术传媒有限公司	32	7.1%	28	6.2%	6.5%
7	德阳第二重型机械集团公司	56	12.4%	55	12.2%	12.8%
8	广州环保机械制造有限公司	32	7.1%	31	6.9%	7.2%
9	智联招聘成都分公司	47	10.4%	46	10.2%	10.7%
10	成都升达木业公司	25	5.6%	25	5.6%	5.8%
11	工商银行重庆分行	22	4.9%	21	4.7%	4.9%
样本量		450	100%	428	95%	100%

从表 5-1 可以看出，样本所在的企业结构分别是银行、保险企业、企业咨询、制造业等 9 个行业，具有一定的行业代表性；从地域上看，包括来自广州、深圳等南方商业经济比较发达的地区的企业 2 家，来自西部地区的企业 9 家，地域上兼顾发达地区和欠发达地区的结果，地域上具备一定的代表性。

表 5-2　样本人口学特征及员工结构特征分析

项目	类别	样本数	样本数所占有效样本数的百分比（%）	累积百分比（%）
性别	男	232	54.3	54.3
	女	196	45.7	100
年龄	25 岁以下	147	34.3	34.2
	26~30 岁	141	32.9	67.1
	31~35 岁	110	25.6	92.8
	36~40 岁	30	7.0	99.8
	41 岁以上	10	2.6	100
学历	大专以上	107	24.9	24.9
	本科	216	50.3	75.3
	硕士以上	105	24.7	100
婚姻	已婚	274	63.9	63.9
	未婚	154	36.1	100
职务等级	普通员工	276	64.5	64.5
	主管及以上	152	35.5	100

从表 5-2 可以看出，男女比例基本是 54∶46，基本保证了 1∶1，保证男女比例基本均衡；从年龄上来看，26~40 岁之间的样本占 99.8%，也就是说，样本具有年轻化的特点；从学历上看，本科以上占 75%，体现了样本的知识性；从职务等级来看，普通员工占 64.5%，主管级以上的 35.5%，样本在层次结构上比较合理，能够体现本研究的打破组织内部门、上下级之间等的正式组织的规定的想法。

5.2 描述性统计分析

5.2.1 各变量总体描述性统计

表 5-3 是各变量分布统计表。从表 5-3 中可以看出，咨询网络程度中心性和情感网络程度中心性平均值都在 0.50 以上，咨询网络和情感网络中介中心性都在 0.20 以上，说明我们所研究的样本在组织或者部门内员工之间人际互动较好，即组织内员工之间的互动较好，组织内社会网络的特点比较明显，这也与我们当初选择样本时的初衷一致，也说明本研究所选的样本具有代表性，符合研究主题的要求。这里要说明的是，在同一次调查中所得到的数据，中介中心性绝对数只要比程度中心性低，而且程度中心性高于 0.5、中介中心性高于 0.2 时，就认为样本的网络位置的程度中心性和中介中心性比较明显（Scott，2005）。组织公民行为最小值基本都在 4 分以上，只有一个是 1 分，反映样本对自己的组织公民行为评价较高，样本都具有很高的责任感，也说明受访者都愿意帮助同事、愿意为了企业组织的发展而自愿发展自我，也愿意维持组织人际和谐，同时在维护组织形象等方面积极主动，乐于共同推动组织发展。由于研究采用的是样本的自评形式，偏度系数为负，说明变量分布是左偏，样本中高分数人数的频次较多，说明受访者大多比较自信。峰度系数为负，说明变量分布比较平阔，峰度系数和偏态系数离 0 值都不远，偏态性不是很明显。

表 5-3　各变量分布统计表（N=428）

变量	ZXCDC	ZXZJC	QGCDC	QCZJC	A1	A2	A3	B4	B5	C6	C7	C8	C9	D10	D11	D12	D13
平均值	0.60	0.27	0.53	0.206	4.1356	4.138	4.185	3.75	4.056	4.094	3.62	3.76	3.73	3.93	3.91	4.026	3.90
标准误差	0.18	0.004	0.063	0.004	0.061	0.035	0.0297	0.035	0.029	0.0274	0.036	0.0336	0.034	0.025	0.032	0.035	0.0335
标准差	1.79	0.09	1.29	0.083	0.674	0.73	0.614	0.721	0.599	0.574	0.75	0.684	0.69	0.51	0.67	0.72	0.681
方差	3.19	0.008	1.68	0.006	0.431	0.533	0.3764	0.52	0.359	0.33	0.56	0.467	0.48	0.26	0.44	0.51	0.464
峰度系数	-0.88	-0.76	0.08	-0.611	2.917	3.823	2.828	-0.36	0.839	-0.03	-0.226	-0.32	0.27	2.15	2.79	-0.14	-0.38
偏态系数	-0.71	-0.31	-1.08	-0.578	-0.413	-1.385	-0.86	-0.04	-0.289	-0.002	-0.20	-0.0025	-0.44	-0.53	-0.86	-0.35	-0.072
最大值	9	0.45	8	0.41	5	5	5	5	5	5	5	5	5	5	5	5	5
最小值	4	0.08	4	0.08	2	3	2	2	2	3	2	2	2	2	1	2	2
置信度（95.0%）	0.36	0.009	0.123	0.008	0.065	0.069	0.0584	0.069	0.0567	0.0547	0.0711	0.0651	0.066	0.0489	0.063	0.0683	0.0645

5.2.2 相关性统计分析

表5-4 人口学变量和社会网络变量之间的相关性统计表(N=428)

变量	1	2	3	4	5	6	7	8	9
1 年龄	1								
2 性别	0.017	1							
3 婚姻	0.413	0.243	1						
4 学历	0.379	0.112	0.384	1					
5 在本单位工作时间(月)	0.213	0.035	0.203	0.212	1				
6 职级	0.488	0.210	0.489	0.311	0.299	1			
7 咨询网络程度中心性	0.355	0.157	0.198	0.532	0.378	0.480	1		
8 咨询网络中介中心性	0.454	0.177	0.163	0.612	0.322	0.623	0.435	1	
9 情感网络程度中心性	0.312	0.218	0.327	0.174	0.378	0.658	0.101	0.304	1
10 情感网络中介中心性	0.411	0.245	0.415	0.114	0.479	0.436	0.302	0.108	0.210

表5-4是人口学变量和社会网络变量之间的相关性统计表。年龄变量除与性别变量没有显著相关性以外，与其他变量都有显著的相关性。年龄变量与咨询网络程度中心性、咨询网络中介中心性和情感程度中心性、情感中介中心性都有显著的相关性，相关系数分别为0.355、0.454、0.312、0.411，相关性比较大。这说明了在一个企业中，年龄对建立自己在公司内部的社会网络有正相关关系。性别与咨询网络程度中心性、咨询网络中介中心性、情感程度中心性、情感中介中心性都有显著的相关性，分别是0.157、0.177、0.218、0.245，性别与其社会网络有一定的相关性，男性比女性更容易在企业内部建立自己的社会关系网络。学历与咨询网络程度中心性、咨询网络中介中心性都有显著的正相关关系，总体相关性比

较高,达到 0.532、0.612,相关系数都在 0.5 以上,说明高学历者在工作中具有专家优势,往往成为其他员工参谋和咨询的对象,而其情感网络中心性系数都比较低,分别为 0.174、0.114,说明学历与员工在自己社会网络中的位置相关性不大,即几乎没有相关性。另外,在本单位服务年限与咨询网络程度中心性、咨询网络中介中心性、情感网络程度中心性、情感网络中介中心性都有显著的相关性,相关性普遍较高,而且分布均匀,分别为 0.378、0.322、0.378、0.479,这也符合事实。因为在人际交往中,时间越长,越能得到更多同事的了解,彼此之间的信任也更多,互动更多,越容易建立社会网络关系,尤其是情感社会网络关系。咨询网络中心性的相关性比情感网络中心性要低,这说明服务年限的长短与咨询网络的建立并不一定成正相关关系。婚姻状况与咨询网络程度中心性、咨询网络中介中心性、情感网络程度中心性、情感网络中介中心性都有相关性,而且已婚的员工的相关性相对来说要比未婚的大,尤其是在情感网络中心性中体现得更为明显。职级与咨询网络程度中心性、咨询网络中介中心性、情感网络程度中心性、情感网络中介中心性都有显著的相关性,除咨询网络程度中心性和中介中心性外,情感网络中心性的系数都比较高,这似乎说明,职级越高,人际关系越好,朋友越多,但在技能方面的相互帮助就比较少。

表 5-5 人口学特征与组织公民行为相关性统计表(N=428)

变量	1	2	3	4	5	6	7	8	9
1 年龄	1								
2 性别	0.317	1							
3 婚姻	0.413	0.243	1						
4 学历	0.379	0.112	0.384	1					
5 在本单位工作时间(月)	0.213	0.035	0.203	0.212	1				
6 职级	0.488	0.210	0.489	0.311	0.099	1			

表5-5(续)

变量	1	2	3	4	5	6	7	8	9
7 自我发展	0.451	0.144	0.569	0.536	0.121	0.180	1		
8 帮助同事	0.343	0.177	0.363	0.612	0.427	0.123	0.135	1	
9 人际和谐	0.323	0.291	0.430	0.213	0.111	0.545	0.098	0.251	1
10 积极主动	0.433	0.213	0.354	0.309	0.451	0.411	0.125	0.121	0.209

表5-5是社会网络与组织公民行为的相关性统计表。从统计表中可以看到,样本的人口学统计变量与自我发展、帮助同事、人际和谐、积极主动都有相关性。年龄与自我发展、帮助同事、人际和谐、积极主动都有相关性,相关系数都比较大,分别达到0.451、0.343、0.342、0.433,这说明年龄较大的员工其组织公民行为更强。但并不能说明它绝对地与年龄正相关,因为在本研究中,样本的年龄在25～45岁之间的人占大多数,在这个年龄段能说明这个问题。但如果低于25岁或者大于45岁,其情况如何,还要进行研究。性别和职级与自我发展、帮助同事、人际和谐、积极主动都有相关性,但相关系数不大。婚姻和学历与自我发展、帮助同事、人际和谐、积极主动都有相关性,相关系数较大。在本单位工作的年限与自我发展、帮助同事、人际和谐、积极主动都有相关性,但相关系数表现不一致,其中帮助同事和积极主动相关系数较大,分别在0.427和0.451,自我发展和人际和谐的相关系数不大。但总体上都是正相关的。

从相关性统计结果来看,人口学特征与员工社会网络、组织公民行为的四个变量都有相关性,只是程度不同而已。员工社会网络和组织公民行为的各个维度都有相关性,也比较显著,这和本研究的看法基本一致,也说明本研究基本的理论框架是对的,可以继续研究。

5.2.3 人口学变量的差异分析

本节利用SPSS16进行方差分析和均数显著性检验,比较人口学变量在情感网络中心性和咨询网络中心性等变量上的差异性,其目的是在相关分析的基础上对人口学变量与情感网络中心性和咨询网络中心性之间的关系做进一步说明。它涉及的因素有性别、年龄、学历、工作时间,自变量有情感网络程度中心性、情感网络中介中心性、咨询网络程度中心性、咨询网络中介中心性。

5.2.3.1 不同性别员工在网络中心性上的比较

表5-6是性别对情感网络程度中心性、情感网络中介中心性、咨询网络程度中心性、咨询网络中介中心性变量上进行的独立样本检验。

表5-6　　　　　　　性别的独立样本检验表

自变量	Levene's Test for Equality of Variances					
	F	Sig.	t	df	Sig.(2-tailed)	Mean
情感网络程度中心性	1.59	0.893	-2.90	426	0.003	-1.537
情感网络中介中心性	1.574	0.844	-3.880	426	0.002	-1.653
咨询网络程度中心性	0.024	0.187	-4.125	426	0.000	-1.611
咨询网络中介中心性	0.019	0.874	-2.557	426	0.001	-1.369

从检验结果来看,方差检验的显著性概率大于0.1,性别在情感网络程度中心性、情感网络中介中心性、咨询网络程度中心性、咨询网络中介中心性上具有方差齐性,被认为可以进行独立的样本T检验(邱皓政,2009)。从表5-6可以看出,性别对非正式组织情感网络程度中心性、情感网络中介中心性、咨询网络程度中心性、咨询网络中介中心性的影响作用是明显的,概率值都小于0.001。从均属差异的方向来看,男性员工比女性员工对情感网络程度中心性、情感网络中介中心性、咨询网络程度中心性、咨询网络中介中心性的影响更大。这可能说明了在组织内部,在咨询网络和情感网络中,男性的地位更突出。在这一以正式组织为背景的社会网络中,也说

明了男性可能更重视工作，女性可能更重视家庭。

5.2.3.2　不同年龄员工在网络中心性上的比较

表 5-7 是不同年龄对情感网络程度中心性、情感网络中介中心性、咨询网络程度中心性、咨询网络中介中心性变量作用的方差分析。情感网络中心性组间均方为 56.366，组内为 5.895，检验结果显著；同样，从表中可以看出情感网络程度中心性、情感网络中介中心性、咨询网络程度中心性、咨询网络中介中心性的检验结果都显著。对于四个变量的组间、组内和总体的检验结果表明，结果都比较显著。由此可以得出结论：四个变量总体变异是由组间差异造成的，即年龄引起了差异变化。

表 5-7　　　　　不同年龄的方差分析表

自变量	分组	Sum of Squares	df	Mean Squares	F	Sig.
情感网络程度中心性	组间	421.370	4	56.366	10.457	0.000
	组内	1477.365	417	5.895		
	总体	1898.735	421			
情感网络中介中心性	组间	369.471	4	48.087	9.867	0.000
	组内	1356.332	417	4.854		
	总体	1725.803	421			
咨询网络程度中心性	组间	329.477	4	47.495	10.557	0.000
	组内	857.432	417	4.693		
	总体	1186.909	418			
咨询网络中介中心性	组间	336.118	4	47.495	10.557	0.000
	组内	769.347	417	4.559		
	总体	1105.465	421			

表 5-8 中是不同年龄阶段员工的情感网络程度中心性、情感网络中介中心性、咨询网络程度中心性、咨询网络中介中心性比较。其中 1 代表 25 岁以下，2 代表 26~30 岁，3 代表 31~35 岁，4 代表 36~40 岁。由于 41 岁以上样本所占比例较小，其影响结果可以忽略

不计，在此没有分析。从表中可以看出，25岁以下和25岁以上的各组年龄段的员工在四个变量中存在的差异比较显著。25岁以下的比不上25岁以上的显著，而且，30~40岁之间的员工具有较为明显的网络中心位置优势。总的原因是，在25~40岁之间的员工有了一定的资历，在技术技能和专业优势上都比较突出，因此容易占据咨询网络中心性位置，而且在此年龄段，其交际经验和人际关系处理技能也比较强，因此在情感网络中心性中的位置也比较突出。

表5-8　四个年龄段的员工组之间的得分比较表

	(I)NL	(J)NL	Mean Difference(I-J)	Sig.
情感网络程度中心性	1	2	-1.44	0.000
		3	-2.47	0.000
		4	-2.31	0.000
		5	-1.89	0.000
	2	3	-1.25	0.031
		4	-0.97	0.089
		5	-0.64	0.421
	3	4	0.23	0.679
		5	0.59	0.476
	4	5	0.45	0.513
情感网络中介中心性	1	2	-0.96	0.003
		3	-1.87	0.000
		4	-1.62	0.000
		5	-1.60	0.000
	2	3	-1.02	0.000
		4	-0.75	0.108
		5	-0.72	0.085
	3	4	0.39	0.612
		5	0.34	0.530
	4	5	0.025	0.973

表5-8(续)

	(I)NL	(J)NL	Mean Difference(I-J)	Sig.
咨询网络程度中心性	1	2	-1.34	0.000
		3	-2.49	0.000
		4	-2.33	0.000
		5	-1.91	0.000
	2	3	-1.36	0.029
		4	-0.95	0.092
		5	-0.66	0.511
	3	4	0.31	0.731
		5	0.55	0.396
	4	5	0.51	0.472
咨询网络中介中心性	1	2	-0.94	0.002
		3	-1.84	0.000
		4	-1.66	0.000
		5	-1.61	0.000
	2	3	-1.01	0.000
		4	-0.77	0.211
		5	-0.71	0.078
	3	4	0.36	0.569
		5	0.31	0.541
	4	5	0.021	0.955

* The mean difference is significant at the 0.05 level.

5.2.3.3 不同学历员工在网络中心性上的比较

表5-9　　　　三个学历层次的方差分析表

自变量	分组	Sum of Squares	df	Mean Squares	F	Sig.
情感网络程度中心性	组间	1456.654	4	657.831	690.876	0.000
	组内	843.732	417	0.897		
	总体	2300.386	421			

表5-9(续)

自变量	分组	Sum of Squares	df	Mean Squares	F	Sig.
情感网络中介中心性	组间	1466.731	4	786.756	693.675	0.000
	组内	857.547	417	0.931		
	总体	2324.278	421			
咨询网络程度中心性	组间	67.879	4	49.547	7.509	0.013
	组内	943.341	417	3.796		
	总体	1011.22	418			
咨询网络中介中心性	组间	79.883	4	47.495	10.769	0.000
	组内	874.471	417	3.667		
	总体	954.354	421			

* The mean difference is significant at the 0.05 level.

表5-10　三个学历层次的员工组之间的得分比较表

	(I)NL	(J)NL	Mean Difference(I-J)	Sig.
情感网络程度中心性	1	2	-4.17	0.000
	1	3	-6.59	0.000
	2	3	-3.14	0.000
情感网络中介中心性	1	2	-0.17	0.003
	1	3	-0.98	0.000
	2	3	-0.78	0.000
咨询网络程度中心性	1	2	-4.33	0.000
	1	3	-5.87	0.000
	2	3	-4.10	0.033
咨询网络中介中心性	1	2	-0.22	0.008
	1	3	-0.89	0.000
	2	3	-0.85	0.004

从表5-9和表5-10中可以看出，在本单位工作时间的不同，也可引起员工在情感网络中心性和咨询网络中心性上的得分不同，这里就不再一一分析。总的来讲，各组之间的差异较大，在本单位工作时间长的员工获得的情感网络中心性比咨询网络中心性得分更高。这也说明，在本单位工作时间越长，跟其他员工之间的个人感

情肯定要更深，但能否成为工作咨询的对象，其相关性不像情感网络中心性那样大。

表5-9是不同学历人员在四个变量上的方差比较。情感网络程度中心性，组间方差为1456.654，组内方差为843.732，检验结果显著；情感网络中介中心性，组间方差为1466.731，组内方差为857.547，检验结果显著；咨询网络程度中心性，组间方差为67.879，组内方差为943.341，检验结果显著；咨询网络中介中心性，组间方差为79.883，组内方差为943.341，检验结果显著。可见，不同学历均影响四个网络中心性的差异，这也说明在四个网络中心性之间的差异与学历差异有相关性。

表5-10是不同学历员工情感网络程度中心性、情感网络中介中心性、咨询网络程度中心性、咨询网络中介中心性的比较。其中1代表大专及以下，2代表本科，3代表硕士及以上。不同学历在均值差异上的表现不同，有大有小。如咨询网络程度中心性和中介中心性均值差异都比较大；情感网络程度中心性和中介中心性有一定差异，但不是很大；大专及以下和本科层次的情感网络程度中心性和中介中心性不显著。这就说明，学历高低与咨询网络中心性正相关，而且影响较大，也就是说，学历越高，越容易成为在工作中被咨询的对象。但与此不同的是，学历与情感网络中心性的相关性之间关系不是很明显。总体上说明，学位越高，学历在四个中心性上所表现出的差异越明显，也说明其人际交往的范围和程度越宽。

5.2.3.4 参加工作年限在中心性上的比较

表5-11是参加工作时间不同在四个变量上的方差比较。情感网络程度中心性，组间方差为86.537，组内方差为918.569，检验结果显著；情感网络中介中心性，组间方差为93.677，组内方差为923.424，检验结果显著；咨询网络程度中心性，组间方差为467.870，组内方差为1586.563，检验结果显著；咨询网络中介中心性，组间方差为534.860，组内方差为1586.563，检验结果显著。可

见，参加工作时间影响四个网络中心性的差异，这也说明在四个网络中心性之间的差异与参加工作时间差异有相关性。

表 5-11　参加工作年限不同的方差分析表

自变量	分组	Sum of Squares	df	Mean Squares	F	Sig.
情感网络程度中心性	组间	86.537	4	47.839	9.997	0.000
	组内	918.569	417	4.764		
	总体	1005.106	421			
情感网络中介中心性	组间	93.677	4	52.661	9.991	0.000
	组内	923.424	417	3.442		
	总体	1017.101	421			
咨询网络程度中心性	组间	467.870	4	324.397	32.990	0.000
	组内	1586.563	417	7.411		
	总体	2054.433	418			
咨询网络中介中心性	组间	534.860	4	431.370	41.227	0.000
	组内	1675.472	417	8.432		
	总体	2192.332	421			

表 5-12　参加工作时间不同的员工组之间的得分比较表

	(I)NL	(J)NL	Mean Difference(I-J)	Sig.
情感网络程度中心性	1	2	-0.83（*）	0.000
	1	3	-1.22（*）	0.000
	2	3	-0.54	0.000
情感网络中介中心性	1	2	-0.79（*）	0.005
	1	3	-1.36（*）	0.000
	2	3	-0.72	0.000
咨询网络程度中心性	1	2	-1.79（*）	0.000
	1	3	-2.31（*）	0.000
	2	3	-0.29	0.051
咨询网络中介中心性	1	2	-1.66（*）	0.006
	1	3	-1.27（*）	0.000
	2	3	-0.49	0.005

5.3 AMOS 混合模型评价

本研究利用 AMOS 软件进行数据分析，从测量和结构模型两个方面对构念进行测量及总体模型进行评鉴，从而对本研究提出的理论假设进行检验。

5.3.1 测量模型参数估计

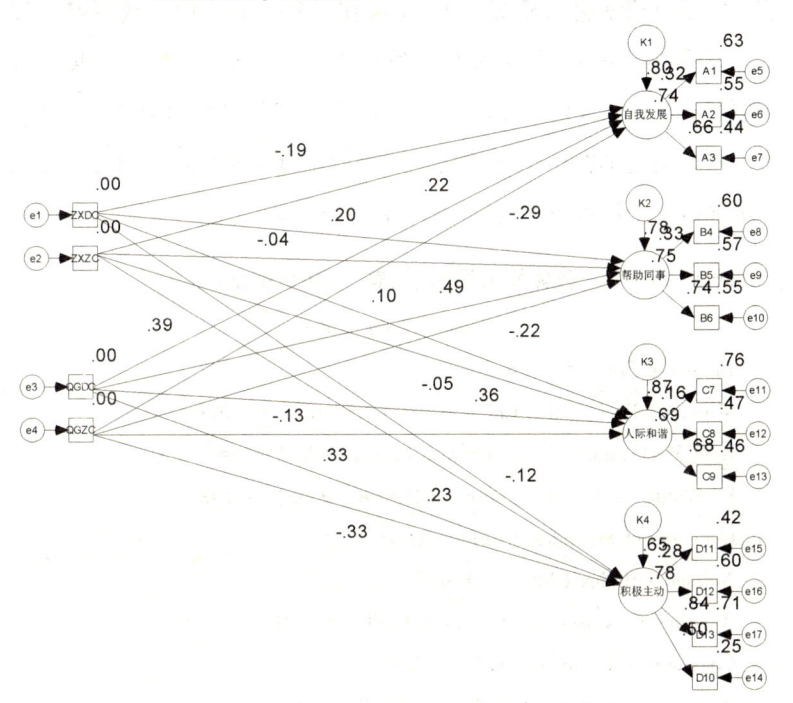

图 5-1　研究模型的路径图及模型参数估计

注：
（1）在模型中，前因变量为：
ZXCDC：咨询网络程度中心性；ZXZJC：咨询网络中介中心性；
QGCDC：情感网络程度中心性；QGZJC：情感网络中介中心性。
（2）结果变量在图中从上往下依次为：
自我发展、帮助同事、人际和谐、积极主动。

这里使用的 AMOS 模型为混合模型。所谓的混合模型，就是在模型的前因变量和结果变量中出现了直接测量项和潜变量共同存在的模型。在本模型中，前因变量是直接可测变量，结果变量是潜变量，因此本研究模型是混合模型。

从表 5-11 中可以看出，从测量结果来看，各隐性变量对测量变量解释量都在 50% 以上且分布比较均匀，虽然有些不是太高，但已经有了一定的解释力。而且从图 5-1 和表 5-11 中可以看出，所有的因子负荷都达到显著水平，t 值在 1.96（$p<0.05$ 或更好）以上，说明各测量变量能有效反映所蕴含的潜在变量。建构信度的理想值在 0.6 以上被认为可以接受（黄芳铭，杨金宝，2002），本研究中，建构信度都在 0.6~0.7 之间，虽然信度不是太高，但都在接受范围之内。所以本研究也具有整体的建构效度。

表 5-11　　　整体模式评鉴输出表（AMOS 输出）

Goodness of Fit Statistics

Degree of Free = 525.16

Minimum Fit Function Chi-Square = 525.16（$p=0.029$）

Root Mean Square Error of Approximation（RMSEA）= 0.021

P-Value for Test of Close Fit（RMSEA < 0.05）= 0.00

Goodness of Fit Index（GFI）= 0.96

Normed FitIndex（NFI）= 0.86

Ajustited Goodness of Fit Index（AGFI）= 0.91

Comparative Fit Index（CFI）= 0.95

Parsimony Goodness of Fit Index（PGFI）= 0.62

从路径结果来看，前因变量与结果变量之间有直接的因果关系。一方面，从路径系数来看，几乎都在 0.2 以上，有些甚至高达 0.4 或者 0.49，有比较明显的影响；从路径方向上来看，前因和后果的关系按照假设的预想，有部分成立，部分不成立，这在实证分析中，出现这种情况也是正常的，这将在后面的内容中进一步做具体解释。

5.3.2 整体模型评价

所有观察值的卡方值都表明观察指标符合正态分布,因此可以用 ML 方法(最大似然法)进行参数估计。由此用到研究模型中各个参数估计值,图 5-1 显示的是标准化的数值。

首先,从模型结构检验来看。从路径分析来看,对因变量和结果变量的关系符号有正有负,说明因变量对结果变量不仅都有影响而且方向比较清楚。说明本研究中因变量和结果变量的影响是存在的,即员工个体的社会网络对其组织公民行为的影响是存在的,只是方向有不同、强弱有不同而已。这从总体上说明本研究的核心问题成立。从前因变量和结果变量的路径载荷来看,有正有负,说明前因变量对结果变量不仅有正向影响,还有负向影响。因此,对本研究来说,有部分支持。从载荷重来看,有些比较大,如咨询中介中心性对帮助同事影响载荷是+0.5,说明有比较大的影响;有些比较小,如咨询程度中心性对帮助同事影响载荷只有+0.04。

其次,对于结构方程模型(SEM)的拟合检验。它也就是观测模型拟合指数的结果。如果一个模型中的所有参数并没有偏激值的存在,既没有负的误差交易存在,也没有太大的标准误差存在,在这种情况下可以进一步对模型的整体进行评鉴(黄方明,杨金宝,2002)。从本研究模型分析的结果可以看出,没有无意义的变异误差,标准化系数中没有超过 1 的,本模型各个参数符合以上所说的条件。因此,可以进一步对模型的整体检验进行评价。

从 AMOS 模型中的结果报告中可以看出(如图 5-1),SEM 的指数首先包括卡方统计量以及与卡方统计量的计算有关的信息如自由度、样本数、显著性数据(Satorra & Blentler,1994)。从计算值中可以得知,NFI=0.96,远大于 0.90,模型可以接受;CFI=0.98,远大于 0.90,模型可以接受,自由度为 525.16。卡方值反映的是

"假设模型导出的矩阵与观察资料矩阵的差异程度"（邱皓政，2004）。如果卡方值 R^2 不显著，说明模型契合度好，否则模型契合度不好。Normed chi-square = 1.147，介于 1.0 与 2.0 之间，表示模型可以接受。

其次还有 GFI 指数是反映绝对拟和最佳的指数；RMSEA 指数是第三类的非中央卡方指数当中不受样本分布影响的指数。在本研究中，GFI 值为 0.95，远大于 0.90，表示假设模型观察数据的方差与协方差的比例比较接近，因此假设模型是可以接受的。AGFI 指标值一般要求在 0.9 以上，本模型中为 0.93，大于接受值 0.90，表示模型不仅可以接受，而且拟合度比较理想。RMSEA（近似误差均方根）为理论模型与完全契合的饱和模式的差距，其值越小越契合，一般认为低于 0.05 则契合良好。本研究中 RMSEA 的值为 0.021，且其 P 值鉴定为 0.029，小于建议值 0.06（HU & Bentler, 1999），显示本假设模型契合得相当良好。残差指数 RMR 和标准残差 SRMR 在结果报告中符合本研究的基本判断。

整体而言，我们可以看到，本测验的各项指标皆能通过理论模型要求的接受值，虽然有些值并不是很理想，但总体结果表明假设模型是可以接受的，模型检验结果也是比较理想的。

综合 AMOS 检验结果分析，大部分指标都比较理想，这说明本研究理论模型和观察资料所体现的真实模型具有良好的契合度。因此，本理论模型是可以接受的。

5.3.3 结构方程模型路径参数分析

结构方程模型包括：一是外生潜在变量对内生潜在变量的影响，二是外生测量项对内生潜变量的影响，还有其他影响测量，这里不再一一列举。本研究属于第二项，即外生测量项对内生潜变量的影响。外生测量项包括咨询网络程度中心性、咨询网络中介中心性、情感网络程度中心性、情感网络中介中心性四个显性变量，代替了模型中的外生潜变量。内生潜变量则是员工的组织公民行为，包括自我发展、帮助同事、人际和谐、积极主动四个变量。表5-6是内生变量被解释的程度（R^2），本研究潜在变量只有组织公民行为，其变异量被解释了0.76，所以被解释的潜变量水平都比较高。

图5-1是模型的结构参数估计，可以从参数的大小、质量和方向衡量结构模型能否体现观察资料数据。在本研究中，结构参数指自变量情感网络程度中心性、情感网络中介中心性、咨询网络程度中心性、咨询网络中介中心性对因变量自我发展、帮助同事、人际和谐、积极主动的影响路径。

咨询网络程度中心性对自我发展、帮助同事、人际和谐、积极主动的影响标准化估计系数分别为-0.19、0.20、0.10、-0.12；系数都在0.1以上，影响比较显著，但影响有正向和负向。即咨询网络程度中心性对自我发展和积极主动有负向影响，对帮助同事和人际和谐有正向影响。有负向影响的理论解释是：具有咨询网络程度中心性的员工已经做得比其他员工还好，处在专家咨询的核心，因而他（她）就不再愿意花费精力或金钱去自我发展，以适应未来发展的需要，因此，在对自我发展和积极主动上没有动力，没有了目标。咨询网络中介中心性对自我发展、帮助同事、人际和谐、积极主动的影响系数分别为0.22、-0.4、-0.50和0.23，都是显著影响，咨询网络中介中心性对帮助同事和人际和谐有负向影响，对自我发展和积极主动有正向影响。有负向影响的理论解释：处在结构洞位置的员工，有较好的社会资本和调动社会资本的能力，因而失去了帮助他人的动力，并在无意中失去人际和谐的氛围。情感网络程度中心性对自我发展、帮助同事、人际和谐、积极主动的影响系数分别为0.39、0.49、0.36、0.33，都是正向影响。这进一步说明了在中国文化背景下的个体的情感关系特征，即只要关系好，不管对于工作还是对于个人私事，都有积极影响，这充分说明了本研究的基本判断。情感中介中心性对自我发展、帮助同事、人际和谐、积极主动的影响系数分别为-0.29、-0.22、-0.13、-0.33，都是负向影响。从情感网络程度中心性和情感网络中介中心性对组织公民行为的影响来看，差别非常明显，前者为正向影响，系数都比较大，后者全部为负数。可能的理论解释是：在中国文化中，一个个体在单独从事某项工作或处理事情包括个人事务时，往往表现出了积极的效果，而且效果还比较明显。但是，个体在处理人与人之间的事情，或者说要求团队处理某项事情时，往往表现出负向的效果，因而需要加强团队精神教育。

从SEM分析（表5-12）来看，员工社会网络对组织公民行为的影响的实证分析对本研究假设有支持的，也有不支持的，但前因变量和结果变量的影响系数都存在，而且有些还很显著，说明本研究的基础即个体的社会网络对组织公民行为的影响是存在的，而且影响较大，只是影响的方向不全是正向影响而已。其中，情感网络程度中心性对积极主动和自我发展的正向影响假设都是支持的。这说明了情感程度中心性越突出，员工在工作中积极地宣传组织形象、主动地提出对企业发展有利的合理化建议以及主动向外界介绍或宣传企业的优点的积极性越高。同时，情感网络中介中心性对组织公民行为四个维度的影响都是负向的，说明处于结构洞位置的员工，其自我发展、帮助他人的积极性不高，这限制了个体积极适应工作发展的需要，并不能在组织中表现出工作积极性和维系人际和谐的积极性。另外，咨询网络程度中心性对自我发展和积极主动的正向影响假设不支持，说明咨询网络程度中心性越高的员工，就越有可能满足于现状，在工作的自我培训和主动性方面不够积极。咨询网络中介中心性对人际和谐的正向影响假设不支持，而且影响的系数比较高，这说明在中国文化里，咨询网络中介中心性越高的员工，越想垄断信息，越想控制其他员工之间的直接交流，使自己获得更多的垄断信息。

总体来讲，情感网络程度中心性和咨询网络程度中心性对组织公民行为的影响基本是正向的，这是因为程度中心性强调的是个体在网络中的位置，更多地强调个体的结果。而情感网络中介中心性和咨询网络中介中心性对组织公民行为的影响基本是负向的。当然，这种影响可能还有其他因素，这里就不再一一分析。

表 5-12　　　　　　　　假设检验结果

	假　设	路径系数（标准化）	支持与否
H1	情感网络程度中心性对积极主动有正向影响	0.33	支持
H2	情感网络程度中心性对自我发展有正向影响	0.39	支持
H3	情感网络程度中心性对帮助同事有正向影响	0.49	支持
H4	情感网络程度中心性对人际和谐有正向影响	0.36	支持
H5	情感网络中介中心性对积极主动有正向影响	-0.33	不支持
H6	情感网络中介中心性对自我发展有正向影响	-0.29	不支持
H7	情感网络中介中心性对帮助同事有正向影响	-0.22	不支持
H8	情感网络中介中心性对人际和谐有正向影响	-0.13	不支持
H9	咨询网络程度中心性对积极主动有正向影响	-0.12	不支持
H10	咨询网络程度中心性对自我发展有正向影响	-0.19	不支持
H11	咨询网络程度中心性对帮助同事有正向影响	0.20	支持
H12	咨询网络程度中心性对人际和谐有正向影响	0.10	支持
H13	咨询网络中介中心性对积极主动有正向影响	0.23	支持
H14	咨询网络中介中心性对自我发展有正向影响	0.22	支持
H15	咨询网络中介中心性对帮助同事有正向影响	-0.4	不支持
H16	咨询网络中介中心性对人际和谐有正向影响	-0.50	不支持

6 结论与讨论

6.1 主要研究结论

6.1.1 社会网络对个体行为的影响

本研究的核心问题就是组织内员工个体的社会网络如何影响其组织公民行为，本研究分析认为，员工社会网络对组织公民行为都有显著影响，但影响的程度和方向却有所不同，即对本研究的理论假设部分支持。前因变量即员工在组织内的社会网络位置从咨询网络程度中心性、咨询网络中介中心性、情感网络程度中心性、情感网络中介中心性四个方面来测量和分析。结果变量即组织公民行为从自我发展、帮助同事、人际和谐和积极主动四个方面进行分析。具体分析如下：

第一，情感网络程度中心性对组织公民行为的影响都是正向的，且影响路径系数都比较大，支持了本研究理论假设。情感网络程度中心性对积极主动维度有正向影响，路径系数为0.33。本研究认为，当员工在网络中关系网较大或者在网络中私人朋友较多，那么他/她就会更加关心组织的发展，更加能够积极参加对组织有利的活动，如员工在工作中积极地宣传组织形象、主动地提出对企业发展有利的合理化建议以及主动向外界介绍或宣传企业的优点的积极性很高,这说明,员工情感网络中心性越高越对组织的发展有利;情感网络程度中心性对自我发展的影响系数为0.39,说明在员工个人的社会网络中,情感网络程度中心性越突出,员工更能够主动提高自我技能,以适应未来工作发展的需要;情感网络程度中心性对帮助同事有正向影响,影响系数为0.49,这一结果说明,员工个人社会网络关系越多,越愿意在工作上帮助同事,如帮助新来的同事尽快在工作上适应,在工作中帮助同事解决问题等;情感网络程度中心性对人际和谐影响系数为0.36,说明员工个体情感网络程度中心性越突出,越愿意在生活上帮助同事,越愿意帮助在生活上遇到困难的同事,维护组织的和谐。

第二,情感网络中介中心性对组织公民行为的影响都是负向影响,路径系数较小。这说明当员工处于情感网络的中介位置时,员工对于组织公民行为的影响是负面的。情感网络中介中心性对积极主动、自我发展、帮助同事、人际和谐的影响系数分别为 -0.33、-0.29、-0.22、-0.13,也就是说,其中介位置越突出,这种负面影响越突出。

第三,咨询网络中心性对组织公民行为的四个维度的影响不尽相同,有正向影响和负向影响,影响的路径系数都不大。其中,对积极主动和自我发展是负向影响,对帮助同事和人际和谐为正向影响,路径系数分别为 -0.21、-0.19、0.20、0.10。这说明,咨询网络程度中心性对组织公民行为的影响比较复杂,正向和负向都有,路径系数都不大,两者之间的关系还需要进一步研究;咨询网络中介中心性对组织公民行为的影响有正向影响,也有负向影响,对积极主动和自我发展有正向影响,而且路径系数都不大,为0.22和0.23,对帮助同事和人际和谐有负向影响,而且路径系数比较大,分别为 -0.40 和 -0.50。

6.1.2 员工社会网络

非正式组织关系反映了员工之间的社会需求,它是来自于组织内成员之间的各种社会需求而建立起来的各种关系,组织内部的社会网络是非正式组织的本质体现。一个组织从诞生的那天起,就有正式组织和非正式组织的存在,非正式组织对组织绩效、组织管理和员工行为都有显著影响。这一基本判断在本研究中得到了进一步证实。总体上,非正式关系包括情感关系和咨询关系。员工在组织内的社会网络关系主要包括因情感关系而建立的情感网络、信任网络,以及为提高生产绩效而建立的工作咨询与互助网络(Lawrence Welch and Denise Welch,1996)。

陈荣德(2006)、刘楼(2008)等人认为,员工在组织内部的情感关系是为了给组织施加影响以及因感情需要而建立情感政治关系,咨询关系是为提高生产绩效而建立的咨询与互助关系,等等。伴随着正式关系结构化特点,非正式组织关系也是可以结构化的(Rebecca Marschan,Denise Welch,1996)。同时也说明,组织形成的根源就是使非结构化的关系不断正式化的结果。这一结果为本研究进行网络化分析提供了理论和实践意义。

从以上分析可以看出,组织内部的员工社会关系是复杂的,但情感关系和咨询关系是最基本的非正式关系(Krackhard,1993;Han Pyung E,1983)。本研究在前面已指出,社会网络内部往往形成强关系即小团体(Clique)。通常这种小团体是独立于正式组织而存在的,也由此导致了过去相当多的研究喜欢从小团体去看它,喜欢从负面来分析。本研究力图从小团体的研究分析转移到非正式的社会网络,即本研究认为,小团体不仅表现为组织内部的强关系,同时还表现为跨部门、跨团体之间的弱关系,以便使人们的关注点由对小团体的警惕变为对组织内部社会网络的宽容和引导。尤其是管理者对组织内部个体间的网络更加正面——因为个体社会网络位置对其行为会产生影响，而这种影响更多的是正面的。因此，本研究证实了相关研究者（Ahuja, et al., 2001; Sparrow, et al., 2001; 陈荣德，2004; 刘楼，2008）的研究结论：组织内非正式社会关系必然存在，并可以在有利的条件下转化为正式组织并对组织中的员工产生影响。非正式组织对组织的辅助绩效也有显著的影响，这种影响往往是正面的。

从相关分析来看，人口学特征对其在组织中的社会关系位置有重要影响。人口学特征有着很宽泛的内容，本研究包括性别、学历、资历和工作年限等。从方差分析及不同组织间的比较可以发现，人口学特征不同，个人在组织内部的社会网络位置不同，高年龄、在组织中服务年限长、高学历和男性容易获得较高的网络中心性。这和陈荣德等人的研究（Brass, 1985; Ibarra, 1992; 陈荣德，2004）的结论有一致性。

6.1.3 组织公民行为的本土化概念

西方对组织公民行为的研究已经比较成熟，在企业界也得到了更多的重视（Podsakoff et al., 2000）。但任何一个理论的研究归根结底都是要解决本土化问题，对组织公民行为的研究也是如此。中国企业对组织公民行为并不陌生，但在研究领域，尤其是在中国经济飞速发展的今天，研究还处于起步阶段。如何在中国特有的文化背景下，结合经济发展的时代特征，进而将其本土化，是本研究的一个重点。本研究在中外研究的基础上，对组织公民行为的概念及维度进行了本土化的分析，提出了四维度模型。

本研究认为，基于中国文化背景和时代发展特征的组织行为概念，主要从四个方面分析：积极主动、自我发展、帮助同事、人际和谐，这一维度分析得到了实证验证。因此，本研究结论与西方学者以及我国学者在十多年前关于组织公民行为的维度模型不同，更具有时代特征。

6.2 本研究的主要贡献

本研究综合社会学、管理学和心理学的有关知识，在前人研究的基础上，建立了组织内员工的社会网络对组织公民行为影响模型，并将测量模型和结构模型结合起来，用 AMOS 模型进行验证。结果表明本研究假设的全模型是可以接受的，从而验证了组织内个体的社会网络对组织公民行为影响会产生正向或负向影响。这一研究成果反映了组织理论和员工行为理论研究的新动向：将社会网络分析范式引入员工行为的研究是可行的，将成为该领域研究的新领域，丰富了组织理论和员工行为研究的内容。

6.2.1 实践贡献

本研究使企业在实践中如何发挥组织公民行为的积极作用在概念上有了更加明晰的指导意义。尽管中国企业对于组织公民行为并不陌生，其在经济发展的过程中也起到了积极的促进作用，但是，随着我国市场经济的发展和企业竞争的加剧，人们的观念发生了很大的变化，一度将其视为计划经济的产物而抛弃，倾向于只重视物质的激励和正式契约的作用。

随着我国融入全球化的竞争，企业更加重视人力资源的作用，更加重视人力资源这一不可替代的资源优势和增长潜力，未来的人力资源管理强调发挥员工的积极性，激发和引导员工的组织公民行为，以应对日益复杂的竞争环境。因此，本研究提出的四维度模型，更具有时代意义，其核心意义就是强调组织充分调动企业员工的工作主动性和创新性，企业要转换管理思路和理念，由管理者与被管理者转换为相互平等、都是企业主人的管理思想上来，充分提供员工自我发展的平台，提供员工能够为企业创造性地服务的机会，如能够有员工积极参与企业民主管理的渠道，有提倡员工为企业的发展献计献策的氛围，有提倡员工之间互相帮助、相互协作的团队精神的氛围等，从而推动企业的发展。

基于社会网络分析的视角分析组织公民行为的前因变量，为我国人力资源管理如何调动员工组织公民行为提供了新的思路和方法。从西方的研究以及我国前期的研究成果来看，更强调了员工本身属性对组织公民行为的影响。事实上，中国文化的本质强调了关系的作用，强调了社会关系对员工行为的影响。因此，在人力资源管理中，管理者更加重视员工之间的关系，重视员工社会网络的结构，鼓励、引导员工非正式组织即社会网络的发展朝着对组织有利的方向发展，以有利于嵌于组织内部非正式组织中的员工的组织公民行为的充分发挥。

因此，本研究对中国文化背景下的组织公民行为前因变量进行探索，旨在推动我国企业自身管理水平尤其是人力资源管理水平的提升，推动我国人力资源强国的伟大实践。因此，本研究对于我国企业进行科学有效的人力资源管理、激励员工的组织公民行为具有重要的实践贡献。

6.2.2 理论贡献

第一，对组织公民行为在理论概念上进行了本土化研究。本书在梳理东西方的研究成果的基础上，定义符合中国文化特征和时代背景的组织公民行为概念和维度，调整、拓展和构建量表。在方法上，本研究主要采用访谈法和调查问卷法，并力图在研究方法和技术手段方面有所创新，为中国特色的组织行为与员工行为研究提供概念模型和实证支持。因此，本研究对概念上的本土化探索，推动了组织公民行为概念的拓展，具有重要的理论意义。

第二，本书系统地采用了社会网络分析的范式对员工行为进行了分析，在理论上也是一种突破。从社会网络分析视角对员工行为进行研究在西方已取得一定进展，在中国才刚刚起步，尤其是在组织公民行为的研究中、在我国企业员工行为研究中还不多见。

本书做了一次有益的尝试。具体来讲，就是从心理学、社会学和管理学的多重视角，深化组织公民行为前因变量的研究。Podsakoff（2000）对已有研究进行了归纳，认为组织公民行为影响因素有个体特征、工作任务特征、组织特征和领导行为特征四个方面，反映出个人和组织的属性特征。事实上，人是社会人，社会关系是社会性的重要体现，个体行为不仅源自个体本身因素的作用，还更多地受到社会关系因素的影响，在以"关系"为基本构成单位的社会网络中将影响甚至决定员工的行为（Scott，2006）。在以"关系"为核心价值的中国文化中，社会网络对个体行为的影响应当被赋予更多的关注（黄光国，1989）。因此，认识和结合中国社会经济的时代背景与文化因素，是本书进一步探析中国企业中组织公民行为的影响因素，通过探索和验证受文化因素影响的员工社会网络如何影响员工的组织公民行为，进一步推进社会网络理论和组织公民行为理论的发展。

6.2.3 研究方法贡献

运用社会网络分析方法，是本研究在方法上的一个重要贡献。将社会网络分析方法应用到行为理论的研究中，对属性数据和关系数据的研究是西方国家行为组织研究的重要领域，但在我国还并不多见。本研究中对社会网络分析的应用主要体现在将我国企业组织作为社会网络看待。

第一，给社会网络节点赋予"员工"特定含义。把员工作为网络结构的节点研究，是社会网络分析在企业员工行为应用研究中的具体体现。给社会网络节点赋予"员工"特定含义不仅是因为不同的员工在正式组织的流程中处于不同的位置，更主要的是因为不同员工在非正式的社会关系中发挥着不同的作用（早期的研究者主要关注这一点，如 Peter Killoworth et al., 1974; Michael Tushman, 1977。转引自刘楼，2008），而且还表现在员工之间在组织内部有着千丝万缕的联系，这种联系不仅体现在组织内部的正式组织当中，也体现在组织内部特定的社会网络即非正式组织当中。非正式组织和正式组织一样，对组织的发展、对组织绩效的提高有着重要的影响。在市场经济发展的今天，很多组织面对复杂的竞争环境，网络化、团队化、协作和分工的界限日益模糊，从而正式组织关系和非正式组织关系在某种程度上可以相互取代，或者说非正式组织自然形成的非正式权力对正式组织所赋予的正式权力的影响越来越大，给予员工更大的互动交流机会。这一点逐渐得到理论界和企业界的重视。因此本研究为如何从员工之间关系的角度促进组织发展提供了新的思路。

第二，对组织内社会网络提供了整体分析思路。在企业组织内部，非正式组织的存在为社会网络分析提供了前提条件。本研究力图打破传统的组织理论对组织的结构分析，如打破组织内部部门、车间等小的部门分类，继而从个体的社会网络关系出发，将一个组织看成一个小社会，分析员工与员工之间的关系结构，从而分析处在不同位置的员工行为的变化。

重视研究组织内员工的个体社会网络是行为研究的重要内容。对企业员工行为的研究，迄今从正式组织角度研究的较多，而从非正式组织角度研究的较少，因此目前基于社会网络分析的企业组织员工行为研究非常少。社会网络分析在企业相关研究中作为工具在国内应用并体现出它的魅力还需时日。本研究探索从程度中心性和中介中心性两方面进行分析，将组织内社会网络分为情感网络和咨询网络两个维度进行分析和验证。因此，本研究在某种程度上填补了这一空白，并希望有更多的学者关注这一方法在企业研究中的应用。

第三，社会网络分析具体应用还体现在对关系数据的分析上。

研究数据最常见的分为关系数据和属性数据（斯科特，2007）。以往对关系数据的分析很少，利用关系数据处理企业管理相关问题的方法也很少。本书用社会网络调查的方法得到关系数据值后，再结合属性数据研究的模型进行处理。这一研究方法使人们对关系与行为的研究有了实证的基础，使得社会网络作为研究中的变量处理容易得多，使得行为研究在数据处理上的范围更加宽泛，推动社会网络分析范式的发展。

6.3 对管理者的启示

组织公民行为对组织的经营绩效有着积极的影响，归根结底是由于员工在组织里感受到来自组织、他人的关心和支持以后产生的回报组织、帮助他人的强烈愿望，这种强烈的愿望会转化为员工工作中发自内心的责任感和巨大的创造力，而这种责任感和创造力正是企业发展的力量源泉，因此构建组织内和谐的氛围、融洽的人际关系对企业至关重要。在未来的发展中，企业面临的环境更加复杂，企业组织无法也没有必要穷尽员工的工作内容，充分发挥员工个体的能动性将是企业增强竞争力的重要途径。因此，激发员工个体的组织公民行为，也是企业未来发展的必然要求。

6.3.1 尊重和信任员工，提高员工的积极性和创造性

企业在竞争中依靠的归根到底还是人才，发挥每一个员工的积极性和创造性，为企业多做贡献，才是企业发展的根本动力。同时，随着企业竞争环境复杂性加剧，企业不可能具体规定每一个员工的所有工作内容和工作职责，要更多依靠员工面对不确定的环境，自觉、主动地处理所遇到的各种问题。因此，企业管理尤其是人力资源管理，要重视发挥员工的组织公民行为，培育能够发挥员工自我

发展、相互帮助、积极主动以及维持和谐氛围的土壤,从而促进企业的发展。

首先,关心员工,尊重员工。在传统的组织管理当中,强调员工的服从,更多地从强调员工的工具性出发,忽视员工的个体需求,忽视对员工个性的尊重。现代企业管理首先要求尊重员工,重视员工的个体需求。企业在管理上必须改变强制性的管理模式,在管理过程中给予员工更多的关心,重视员工的自我实现等高层次的精神需求,让每一个员工在企业组织中有主人的感觉,提供创造性的工作环境,鼓励个性发挥以调动员工的积极性,在平等的引导和交流中,使每个员工自发地形成对企业的忠诚感和责任感。

其次,重视与员工的沟通,营造积极的工作氛围。重视沟通,指重视员工与组织之间、员工与员工之间的沟通。组织公民行为发生的一个重要前提是员工之间是否能够相互充分地沟通,从而实现团结协作、共同发展。对于管理者来讲,坚持"社会人"的人本管理理念,积极搭建有利于员工与组织之间、员工与员工之间相互公平交流的平台,使员工在情感上与组织、与其他员工产生相互信任,在工作上能够相互学习、相互帮助,共同提高。这样不仅节约了管理成本,更提高了员工的积极性和创造性,有利于组织的和谐和发展。同时,倡导员工积极主动参与企业发展,主动为企业发展献计献策。从本研究的结果来看,如果员工能够积极地参与组织的发展,将对组织发展有积极的推动作用。管理者应积极创造员工为企业发展主动献计献策的条件和渠道。

6.3.2 正确对待企业内部员工的非正式组织的影响

在实践中,人们常常会看到,组织战略明确、制度完善、分工明晰、人员精干,但是组织总是执行力不强,组织效果不佳的情形。对此,人们常常会从正式组织找原因,而不知道是非正式组织的原因。其实,任何一个组织都既有正式组织又有非正式组织,管理者不仅要清楚组织的规章制度，明确组织内的组织结构和分工，还要重视非正式结构。组织中的每一个成员既有正式组织的位置，还有非正式组织的位置，是两种结构的节点。对于管理者来说，弄清楚他要管理的员工的节点位置是非常重要的。管理者不能只关注组织中正式组织而忽视非正式组织。

首先，对于管理者来说，既要注意到组织内员工在正式组织中的地位和结构，还要注意到他在非正式组织中的社会网络位置，因为个体有时也可以在非正式组织中得到非正式权力，往往组织的权力就控制在非正式结构中的某些行动者手中。当个体从正式组织中得到的正式权力与非正式权力距离太远或者方向相反时，都会产生摩擦，都会对组织的有效运行形成障碍，阻碍组织的有效运行。因此要给组织内部"小团体"以积极引导。在以往的研究中，人们对组织内部小团体多从负面看待。本研究认为，小团体是任何组织都不可避免的，员工在小团体和正式组织中的作用可以相互转化，而且成员在小团体中的结构位置会影响其在工作中的表现，而就情感网络和咨询网络来说，这种影响往往是正向的。因此，主管对组织内部的非正式组织怀有敌意是没有必要的。正如前面所提到的，正式组织和非正式组织有时会产生摩擦，这是客观存在，不应该去阻止它、否认它，问题是如何有效地引导，对其做深入了解和合理利用。我们可以根据社会网络方法绘制出社会网络结构图，了解、分析社会网络内部结构，发现社会网络的规模、各个个体的具体网络位置以及个体在网络中的权威构成，尤其是了解网络中的核心人物及其权威构成，从而有效地加以利用，有时会产生事半功倍的效果。

其次，正式组织的领导人绝不应忽视非正式组织或非正式组织中的关键人物。如果这些非正式的关键人物能够被组织利用好，那么组织就会变得通畅，组织的执行力也会大大提高，还能节约组织成本。非正式组织的发现，可以从日常工作生活中进行观察，也可以用社会网络分析的方法进行调查计算来获得。因此，社会网络分析的方法和社会网络软件的具体运用为管理者进行人力资源管理提供了有效的途径。这一方法在国外企业实践中已经得到良好的效果，国内还比较陌生，需要进一步学习和宣传。

6.4 研究的不足和研究展望

6.4.1 研究的不足

其一，样本和数据获得的方法上的局限。从统计学的角度来看，本研究符合统计分析的要求，样本量达到428份，问卷在设计上也通过了信度和效度检验。但是，从社会网络数据分析来看，本研究样本的代表性以及问卷调查质量还有待进一步提高。

首先，样本的代表性存在不足。本研究选取的11个组织中的样本基本上都是知识型员工。主要是因为对社会网络调查问卷需要有比较好的理解才能填写好，因此，本研究在调查中抽取的员工都是知识型员工，即具有一定学历和技术的知识技术型员工，因此，样本不能代表所有员工。

其次，问卷质量上也需要改进。主要体现在社会网络调查中，笔者在进行员工社会网络调查时，既要获得企业主管领导的配合，又要得到员工的充分信任，而这本身就是一对矛盾，或者说是悖论。因为关系属于个人隐私的一部分，如果员工发觉研究者与其主管关系较好，那么就有可能怀疑笔者将员工的信息提供给主管，因此，被调查者就会在其提供的关系数据中有所保留，其数据可信度就可想而知了。但是如果在调查中不能首先获得主管的配合和信任，那么要进行对企业员工的深入调查就会比较困难。

其二，在对组织公民行为的调查中，数据不够准确。本研究采用自我评价法，有一定局限性。对组织公民行为的科学评价，应该采用360度打分，即不仅考虑员工个体自身评价，还要考虑同事之间和上下级的评价，这样更加准确，更能说明问题。如果只考虑个体打分，就像本研究中所得到的数据那样，总体分值会比较高。

其三，没有考虑中介变量。在社会网络对组织公民行为的影响研究中，本研究像Bowler（2000）、刘楼（2008）等人的研究一样，采用直接影响的方法。事实上，社会网络对个体行为的影响首先产生了一定可能性，但真正的结果是否像本研究的结果那样，是否需要中介变量，还有待进一步研究。也就是说，员工个体社会网络对组织公民行为的影响机理还需要进一步做研究分析。如当员工处在情感网络程度中心时，对自我发展是否有正向影响，还要看员工是否工作努力。一名具有高情感的员工，如果工作不努力不主动，满足现状，情感中心性再高，可能也不会自我发展。反过来，当一名员工社会网络中心性比较低时，他/她工作积极努力，自我发展行为也可能会很突出。因此，对其中介变量研究应该考虑，还有待进一步研究。因此，社会网络对行为的影响研究还需要对中介变量做进一步探索。

6.4.2 研究展望

（1）方法上的深入应用。一方面，社会网络分析中基于个体的社会中心网络的变量还有很多，如个体之间的强弱联系、关系距离以及社会网络的整体结构对个体的影响等。本研究只是运用相对程度中心性和中介中心性两个变量，其他变量对网络中个体行为的影响如何，都将是未来研究的方向。另一方面，员工的社会网络不仅包括组织内的网络，组织外的社会网络也是员工社会网络的重要方面。本研究只关注组织内的社会网络关系，没有考虑组织外的社会网络关系。随着企业边界的日益模糊，员工在企业内部和外部都有着无法割裂而且同等重要的网络关系，这些都将成为未来研究的重点。

（2）理论的拓展。社会网络分析不仅限于从网络关系的影响结果方向进行分析，还可以分析正式组织、组织文化、组织结构以及不同性质的组织对社会网络的形成的影响等，它们都可以作为理论研究的拓展；另外，本研究从个体层面上进行网络研究，整体层面上也将是未来研究的拓展。

参考文献

1. 斯蒂芬·P. 罗宾斯. 组织行为学 [M]. 李原, 孙健敏, 译. 北京: 中国人民大学出版社, 1997.

2. 林南. 社会资本: 争鸣的范式和实验的检验 [J]. 香港社会学学报, 2001 (2).

3. 林南. 社会资本——关于社会结构与行动的理论 [M]. 张磊, 译. 上海: 上海人民出版社, 2005.

4. 刘军. 法村社会支持网络: 一个整体研究的视角 [M]. 北京: 社会科学文献出版社, 2006.

5. C. 格鲁特尔特. 社会资本在发展中的作用 [M]. 黄载曦, 等, 译. 成都: 西南财经大学出版社, 2004.

6. G. S. 贝克尔. 人力资本 [M]. 梁小民, 译. 北京: 北京大学出版社, 1987.

7. 德鲁克. 大变革时代的管理 [M]. 赵干城, 译. 上海: 上海译文出版社, 1999.

8. 彼得·圣吉. 第五项修炼——学习型组织的艺术与实务 [M]. 郭进隆, 译. 上海: 上海三联书店, 1996.

9. 边海燕, 张文宏. 经济体制、社会网络与职业流动 [J]. 中国社会科学, 2001 (2).

10. 边海燕. 社会网络与求职过程 [C] //林益民, 涂庆. 改革开放与中国社会：西方社会文献述评. 香港：牛津大学出版社，1999.

11. 边燕杰，邱海雄. 企业的社会资本及其功效［J］. 中国社会科学，2000（2）.

12. 边燕杰. 城市居民社会资本的来源及作用：网络观点与调查发现［J］. 中国社会科学，2004（3）.

13. 布尔迪厄. 文化资本与社会炼金术——布尔迪厄访谈录［M］. 包亚明，译. 上海：上海人民出版社，1997.

14. 陈荣德. 组织内部社会网络的形成与影响：社会资本观点［D］. 台北：中山大学人力资源管理研究所博士学位论文，2004.

15. 丁美玲，童勋. 群体工作满意感与组织公民行为之关系［J］. 南京大学学报，2005（6）.

16. 郭晓薇. 企业员工组织公民行为影响因素的研究［D］. 上海：华东师范大学博士学位论文，2004.

17. 郭晓薇. 社会学视野下的组织公民行为分析［J］. 学习与探索，2005（2）：83－86.

18. 郭毅，罗家德. 社会资本与管理学［M］. 上海：华东理工大学出版社，2007.

19. 韩景南. 组织公民行为动机的研究［D］. 成都：西南交通大学硕士学位论文，2005.

20. 韩巍，席酉民. 关系：中国商业活动的基本模式探讨［J］. 西北大学学报：哲学社会科学版，2001，31（1）：43－47.

21. 黄光国. 人情与面子［M］//黄光国：中国人的权力游戏. 台北：巨流图书企业，1988.

22. 黄铭芳，杨金宝. 中年家庭阶级影响偏差行为模式之研究［J］. 台湾师范大学学报：教育类，2002，47（2）：203－230.

23. 黄晓波. 社会网络性别差异的实证分析［J］. 广西社会科

学，2007（2）：172-174.

24. 简碧惠. 社会网络与工作压力相关性研究［C］//2002 年管理创新远景研讨会（台北）. 2002：415-455.

25. 李超平，孟慧，时勘. 变革型领导对组织公民行为的影响［J］. 心理科学，2006，29（1）：175-177.

26. 李维安. 网络组织：组织发展新趋势［M］. 北京：经济科学出版社，2003.

27. 理查德·L. 达夫特. 组织理论与设计精要［M］. 李维安，等，译. 北京：机械工业出版社，1999.

28. 梁漱溟. 中国文化要义［M］. 香港：三联书店（香港）有限企业，1987：77-94.

29. 林语堂. 中国人［M］. 上海：学林出版社，1994.

30. 凌文辁，方俐洛. 心里与行为测量［M］. 北京：机械工业出版社，2003.

31. 刘军. 社会网络分析导论［M］. 北京：社会科学文献出版社，2004.

32. 刘楼，涂成林. 正式组织结构、非正式网络结构与中心性优势［J］. 科技管理研究，2006（7）：227-230.

33. 刘林平. 企业的社会资本：概念反思和测量途径［J］. 社会学研究，2006（2）.

34. 罗家德. 社会网络分析讲义［M］. 北京：社会科学文献出版社，2004.

35. 罗家德，施淑惠，林敬尧. 以濡染模型研究关系网络对电脑态度之影响［J］.

36. 罗家德，叶冠伶，辉伟升. 从社会网络的观点看组织的知识管理——从组织团队的角度分析［C］//2003 电子商务与数字生活研讨会（台北）. 2003（11）：2005-2023.

37. 罗家德，赵延东. 社会资本的层次及其测量方法 [M] // 李培林，谭方明. 社会学：理论与经验. 北京：社会科学文献出版社，2005.

38. 罗明亮. 企业绩效管理与员工组织公民行为的关系的研究 [D]. 郑州：河南大学硕士学位论文，2005.

39. 乔纳森·特纳. 社会学理论结构 [M]. 邱泽奇，等，译. 北京：华夏出版社，2002：34.

40. 邱皓政. 结构方程模式 [M]. 台北：双叶书廊有限企业，2004.

41. 邱义德. 以社会网络分析法评估工作团队知识创造与分享 [D]. 台北：中正大学咨询管理研究所博士学位论文，2003.

42. 芮明杰，杜锦根. 人本管理 [M]. 杭州：浙江人民出版社，1999.

43. 时勘，范红霞，徐长江，等. 中国大陆组织公民行为结构的实证研究 [C] //中国管理研究国际学会会议论文. 北京：2004.

44. 苏方国，赵曙明. 组织承诺、组织公民行为与离职倾向关系研究 [J]. 科学学与科学技术管理，2005（8）：111-116.

45. 唐翌. 团队心理安全、组织公民行为和团队创新——一个中介传导模型的实证分析 [J]. 南开管理评论，2005，8（6）：24-29，211-218.

46. 吴志明，武欣. 知识工作团队中组织公民行为对团队有效性的影响作用研究 [J]. 科学学与科学技术管理，2005（8）：92-96.

47. 吴志明，武欣. 基于社会交换理论的组织公民行为影响因素研究 [J]. 人类工效学，2006（12）：7-9.

48. 武欣，吴志明，张德. 组织公民行为研究的新视角 [J]. 心理科学进展，2005，13（2）：211-218.

49. 徐碧琳，刘昕. 非正式组织识别实证研究——基于中国文化背景的探索性研究 [J]. 财经研究, 2004 (11): 16-25.

50. 徐碧琳. 非正式组织成因研究 [J]. 现代财经（天津财经学院学报）, 2004 (4): 23-28.

51. 徐长江, 时勘. 对组织公民行为的争议与思考 [J]. 管理评论, 2004, 16 (3): 45-51.

52. 徐淑英, 刘忠明. 中国企业管理的前沿研究 [J]. 北京: 北京大学出版社, 2004.

53. 俞文钊. 管理心理学 [J]. 3版. 上海: 上海东方出版中心, 2002.

54. 张方华. 社会资本理论研究综述 [J]. 江苏科技大学学报: 社会科学版, 2005 (4).

55. 张其仔. 社会资本论——社会资本与经济增长 [M]. 北京: 社会科学文献出版社, 1997.

56. 张艳秋, 凌文辁. 企业员工组织公民行为管理 [J]. 引进和咨询, 2003 (3): 36-38.

57. 张文宏. 社会网络与社会资本研究 [OL]. 中国社会学网: http://www.sociology.cass.cn/shxw/zxwz/t20040915_2743.htm.

58. 张小林, 戚振江. 组织公民行为理论及其应用研究 [J]. 心理学动态, 2001 (4): 352-360.

59. 张艳秋. 企业员工组织公民行为结构初探 [D]. 广州: 暨南大学硕士学位论文, 2003.

60. 赵曙明. 人力资源管理研究 [M]. 北京: 中国人民大学出版社, 2001.

61. 赵延东, 罗家德. 如何测量社会资本: 一个经验研究综述 [J]. 国外社会科学, 2005 (2).

62. 赵延东. 再就业中的社会资本: 效用与局限 [J]. 社会学研究, 2002 (4).

63. 郑伯壎. 企业中上下属的信任关系 [J]. 社会学研究, 1999 (2): 22-37.

64. 仲理峰. 家族式企业高层管理者胜任特征模型及其影响作用的研究 [D]. 北京: 中国科学院研究生院博士学位论文, 2002.

65. 周三多, 陈传明, 鲁明泓. 管理学——原理与方法 [M]. 上海: 复旦大学出版社, 1999.

66. 朱国宏. 经济社会学 [M]. 上海: 复旦大学出版社, 1999.

67. 朱庆忠, 罗家德. 组织内人际关系形态对工作满足之影响——以社会网络分析方法进行探讨 [C] //2002年人力资源与案例研讨会论文. 台北: 2002.

68. 朱愈, 凌文辁. 组织公民行为理论研究的进展 [J]. 心理科学, 2003, 26 (1): 186-187.

69. ADLER P S, KWON S W. Social Capital: Prospects for a New Concept [J]. Academy of Management Review, 2002, 27 (1): 17-40.

70. AJAY MEHRA, MARTIN KILDUFF, DANIEL J BRASS. The Social Networks of High and Low Self-Monitors: Implications for Workplace Performance [J]. Administrative Science Quarterly, 2001 (46): 121-146.

71. ALBANESE R, VAN FLEET D D. Rational Behavior in Groups: The Free-Riding Tendency [J]. Academy of Management Review, 1995 (10): 244-255.

72. ALLEN T D, BARNARD S, RUSH M C, RUSSELL E A. Ratings of Organizational Citizenship Behavior: Does the Source Make a Difference? [J]. Human Resource Management Review, 2000 (10): 97-114.

73. ALLEN T D, RUSH M C. The Effects of Organizational Citizen-

ship Behavior On Performance Judgments: A Field Study and a Laboratory Experiment [J]. Journal of Applied Psychology, 1998 (83): 247 -260.

74. ALLEN T HARREL. Communication Networks - The Hidden Organizational Chart [J]. The Personnel Administrator, 1976, 21 (6): 31-34.

75. ALLPORT G W. Pattern and Growth in Personality [M]. New York: Holt, Pinehart & Winston Inc., 1961.

76. ALOTAIBI A G. Antecedents of Organizational Citizenship Behavior: A Study of Public Personnel in Kuwait [J]. Public Personnel Management, 2001 (30930): 363-376.

77. ARYEE S, BUDHWAR P S, CHEN Z X. Trust as a Mediator of the Relationship Between Organizational Justice and Work Outcomes: Test of a Social Exchange Model [J]. Journal of Organizational Behavior, 2002 (23): 267-286.

78. BASS D J. A Social Network Perspective on Human Resource Management [M] //Gerald R. Ferris (ed.). Research in Personnel and Human. 1995.

79. BASTON C D. Why Act for the Public Good? Four Answers [J]. Personality and Social, 1994.

80. BATEMAN T S, ORGAN D W. Job Satisfaction and the Good Soldier: the Relationship Between Affect and Employee "Citizenship" [J]. Academic of Management Journal, 1983 (26): 587-595.

81. BIAN YANJIE. Institutional Holes and Job Mobility Processes: Guanxi Mechanisms in China's Emergent Labor Market [C] //Thomas Gold, Doug Guthris, Daivd Wank. Social Connections in China: Institutions, Cultural and the Changging Nature of Guanxi. Lodon: Cambridge

University Press, 2002: 117-136.

82. BLAKELY G L, ANDREWS M C, FULLER J. Are Chameleons Good Citizens? A Longitudinal Study of the Relationship Between Self-Monitoring and Organizational Citizenship Behavior [J]. Journal of Business and Psychology, 2003, 18 (2): 131-144.

83. BLAU P. Exchange and Power in Social Life [M]. New York: John Wiley and Sons, 1964.

84. BOLINO M C, TUMLEY W H, NIEHOFF B P. The Other Side of the Story: Reexamining Prevailing Assumptions About Organizational Citizenship Behavior [J]. Human Resource Management Review, 2004, 14 (2): 229-246.

85. BOLINO M C, TURNLEY W H, BLOODGOOD J M. Citizenship and the Creation of Social in Organizations [J]. Academy of Management Journal, 2002, 27 (4): 505-522.

86. BOLINO M C. Citizenship and Impression Management : Good Soldiers or Good Actors? [J]. Academy of Management Review, 1999, 24 (1): 80-98.

87. BONDONIO D. Predictors of Accuracy in Perceiving Informal Social Networks [J]. Social Networks, 1998 (20): 301-330.

88. BOORMAN S A. A Combinatorial Optimization Model for Transmission of Job Information Through Contact Networks [J]. Bell Journal of Economics, 1975 (6): 216-249.

89. BORGATTI S P, EVERENT M G, FREEMAN L C. UCINETV for Windows: Software for Social Network Analysis [J]. Natick Analytic Technologies, 1999.

90. BORMAN W C, MOTOWIDLO S J. Task Performance and Contextual Performance: The Meaning for Personnel Selection Research [J].

Human Performance, 1997 (10): 99 - 109.

91. BOURDIEU P, L WACQUANT. An Invitation to Reflexive Sociology [M]. Chicago, IL: University of Chicago Press, 1992: 119.

92. BOURDIEU P. The Forms of Capital [M] //Richardson (ed.). Handbook of Theory and Research for the Sociology of Education. Westport, CT: Greenwood Press, 1986.

93. BOWLER W M. Relationships and Organizational Citizenship Behavior: A Social Network Approach [D]. PhD. Dissertation, University of Kentucky, 2002.

94. BRASS D J. Being in the Right Place: A Structural Analysis of Individual Influence in An Organization [J]. Administrative Science Quarterly, 1984 (29): 518 - 539.

95. BRASS D J, BUTTERTIELD K D, SKAGGS B C. Relationships and Unethical Behavior: A Social Network Perspective [J]. Academy of Managemem Review, 1998, 23 (1): 14 - 31.

96. BURT R. Structural Holes Versus Network Closure As Social Capital [M] //N LIN, K S COOK, R S BURT (ed.). Social Capital: Theory and Research. New York: Aldine de Gruyter, 2001: 31 - 56.

97. BURT R. Structural Holes: The Social Structure of Competition [M]. Cambridge, MA: Harvard University Press, 1992.

98. BURT RONALD, M J MINOR. Applied Network Analysis: A Methodological Introduction [M]. Beverly Hills: Sage, 1983.

99. BURT RONALD. Structural Holes: The Social Structure of Competition [M]. Cambridge, MA: Harvard University Press, 1992.

100. BURT R S. Social Contagion and Innovation: Cohesion Versus Structural Equivalence [J]. American Journal of Sociology, 1987 (92).

101. CAMPBELL J P, MCCLOY R A, OPPLER S H, SAGER C E.

A Theory of Performance [M] //N SCHMITT, W C BORMAN (ed.). Personnel Selection in Organizations. 1993: 35 - 70.

102. CAMPBELL J P, MCCLOY R A, OPPLER S H, SAGER C E. Model in the Performance Prediction Problem in Industrial and Organizational Psychology [J]. Handbook of Industrial and Organizational Psychology, 1990 (1): 687 - 732.

103. CHEN X P, ZHANG X L, SEGO D. Beyond Organizational Commitment: The Effects of Loyalty to Supervisor and Perception of Social Norm on Employee Organizational Citizenship Behavior and Turnover [C] //Inaugural Conference Proceedings of IACMR. Beijing, China, 2004.

104. CHEN Z X, FRANCESCO A M. The Relationship Between the Three Components of Commitment and Employee Performance in China [J]. Journal of Vocational Behavior, 2003, 62 (3): 490 - 510.

105. CHEN Z X. Loyalty to Supervisor, Organizational Commitment, and Employee Outcomes: The Chinese Case [D]. PhD Dissertation, Hong Kong Univ. of Sci. and Tech., 1997.

106. COLEMAN J S. Foundations of Social Theory [M]. Cambridge, MA: Harvard University Press, 1990.

107. COLEMAN J S. Social Capital in the Creation of Human Capital [J]. American Journal of Sociology, 1988 (94): 95 - 120.

108. COOK, KAREN. Network Structures From An Exchange Perspective [M] //Peter Marsden and Nan Lin (ed.). Social Structure and Network Analysis. Beverly Hills: Sage, 1982.

110. DANIEL J BRASS. A Social Network Perspective on Human Resources Management [M] //G. Ferris (ed.). Research in Personnel and Human Resourcemanagement. Greenwich: JAI Press, 1995: 39 - 79.

111. DANIEL J BRASS. Men's and Women's Networks: A Study of

Interaction Patterns and Influence in An Organization [J]. Academy of Management Jurnal, 1985 (28): 327-343.

112. DANIEL J BRASS. Potential Power and Power Use: An Investigation of Structure and Behavior [J]. Academy of Management Journal, 1993, 36 (4): 441-470.

113. DANIEL J BRASS. Structural Relationships Job Charateristics and Worker Satisfaction and Performance [J]. Administrative Science Quarterly, 1981 (26): 331-348.

114. DAVID KRACKHARDT, STERN R. Informal Networks and Organizational Crises: An Experimental Simulation [J]. Social Psychology Quarterly, 1988 (51): 123-140.

115. DAVID KRACKHARDT. The Strength of Strong Ties: The Importance of Philos in Organizations [M] //N. NOHRIA, R G ECCLES (ed.). Networks and Organizations: Structure, Form and Action. Cambridge, MA: Harvard Business School Press, 1992: 216-239.

116. DEAN T, HUI C, DANIEL Z D, et al.. Conflict Values and Team Relationships: Conflict's Contribution to Team Effectiveness and Citizenship in China [J]. Journal of Organizational Behavior, 2003, 24 (1): 69.

117. FARH J L, EARLEY P C, LIN S C. Impetus for Action: A Cultural Analysis of Justice and Organizational Citizenship Behavior in Chinese Society [J]. Administrative Science Quarterly, 1997 (42): 421-444.

118. FARH J L, PODSAKOFF P M, ORGAN D W. Accounting Organizational Citizenship Behavior: Leader Fairness and Task Scope Versus Satisfaction [J]. Journal of Management, 1990 (16): 705-722.

119. FARH J L, ZHONG C B, ORGAN D W. Organizational Citi-

zenship Behavior in the People's Republic of China [J]. Organization Science, 2004, 15 (2): 241 -253.

120. FREEMAN L C. Filling in the Blanks: A Theory of Cognitive Categories and the Structure of Social Affiliation [J]. Social Psychology, 1992: 505.

121. FREEMAN L C. Centrality in Networks: Conceptual Clarification [J]. Social Networks, 1979.

122. GABBAY S M., LEENDERS, R TH A J. CSC: The Structure of Advantage and Disadvantage [M] //R TH A J, LEENDERS, S M GAHBAY (ed.). Corporate Social Capital and Liability. London: Kluwer Academic Publishers, 1999a.

123. GEORGE J M, BRIEF A P. Feeling Good, Doing Good: A Conceptual Analysis of the Mood at Work - Organizational Spontaneity Relationship [J]. Psychological Bulletin, 1992 (112): 310 - 329.

124. GRAHAM J W. Organizational Citizenship Behavior Informed by Politial Theory [C] //Paper Presented At the Annual Meeting of the Academy of Management, Chicago, IL: August, 1986.

125. GRAHAM J W. Organizational Citizenship Behavior: Construct Redetinition, Operationalizations and Validation—Unpublished Working Paper [M]. Chicago, IL: Loyola University of Chicago, 1989.

126. GRANOVETTER M. Economic Action and Social Structure: A Theory of Embeddedness [J]. American Joural of Sociology, 1973 (91): 481 - 510.

127. GRANOVETTER M. Getting a Job [M]. Cambridge, MA: Harvard University Press, 1974.

128. GRANOVETTER M. The Strength of Weak Ties [J]. American Journal of Sociology, 1973 (78): 1360 - 1380.

129. GRANOVETTER M. Economic Action and Social Structure: The Problem of Embeddedness [J]. American Journal of Sociology, 1985.

130. GRANOVETTER M. Problems of Explanation in Economic Sociology [M] //N NOHRIA, R ECCLES (ed.). Networks and Organizations: Structure, Form and Action. Cambridge, MA: Harvard Business School Press, 1992: 25-29.

131. GRANOVETTER M. Business Groups [M] //N SMELSER, R SWEDBERG (ed.). The Handbook of Economic Sociology. Princeton, NJ: Princeton University Press, 1994.

132. HUI C, CYNTHIA L, DENISE M R. Employment Relationships in China: Do Workers Relate to the Organization or to People? [J]. Journal of Applied Psychology, 2004, 15 (2): 232.

133. HUI C, LEE C. Psychological Contract Organizational Citizenship Behaviors in China: Invesgating Generalizability and Instrumentality [J]. Journal of Applied Psychology, 2004, 89 (2): 311-321.

134. IBARRA HERMINIA. Homophily and Differential Returns: Sex Differences in Network Structure and Access in An Advertising Firm [J]. Administrative Science Quarterly, 1992, 37 (3): 422-447.

135. JANINE NAHAPIET, SUMANTRA GHOSHAL. Social Capital, Intellectual Capital and the Creation of Value in Firms [R]. Academy of Management Proceeding, 1997: 35-39.

136. JEFF W JOHNSON. The Relative Importance of Task and Contextual Performance Dimensions to Supervisor Judgement of Overall Performance [J]. Journal of Applied Psychology, 2001, 86 (5): 984-996.

137. JING LIH FARH, CHEN BO ZHONG, DENNIS W ORGAN.

Organizational Citizenship Behavior in the People's Republic of China [J]. Organization Science, 2004: 241 - 253.

138. JOHN D STANLEY. Your Informal Organization: Dealing With It Successfully [J]. Personnel Journal, 1956 (35): 91 - 101.

139. JONES E E. Ingratiation: A Social Psychologycal Analysis [M]. New York: Appleton Jones, 1964.

140. JONES E E, PITTMAN T S. Toward a General Theory of Strategic Self Presentation [M] //J SULS (ed.). Psychologycal Perspectives on the Self. Hillsdale, NJ: Erlbaum, 1964.

141. KARAMBAYYA R. Contexts for Organizational Citizenship Behavior: Do High Perfoming and Satisfying Units have Better "Citizens"? [R]. New York University Working Paper, 1990.

142. KARAU S J, WILLIAMS K D. Social Losting: A Meta - analytic Review and Theoretical Integration [J]. Journal of Personality and Social Psyohology, 1993, 65 (4): 681 - 706.

143. KATZ D, KAHN R. The Social Psychology of Organizations [M]. New York: John Wiley & Sons, 1978.

144. KATZ D. Motivational Basis of Organizational Behavior [J]. Behavioral Science, 1964 (9): 131 - 146.

145. KNOKE D, BURT R S. Prominence [M] //ROLAND S BURT, MICHAEL J MINER (ed.). Applies Network Analysis: A Methodological Introduction. Beverly Hills, CA: Sage, 1983: 195 - 222.

146. LABIANCA G, BRASS D J, GRAY B. Social Networks and Perceptions of Intergroup Conflict: The Role of Negative Relationships and Third Parties [J]. Academy of Management Journal, 1998 (41): 55 - 67.

147. LAM S K, HUI C, LAW K S. Organizational Citizenship Be-

havior: Comparing Perspectives of Supervisors and Subordinates Across Four International Samples [J]. Journal of Applied Psychology, 1999, 84 (4): 594-601.

148. LIAO H. A Cross-level Analysis of Organizational Citizenship Behavior in Work Groups [D]. Doctoral Dissertation of the University of Minnisoda, 2002.

149. MARSDEN, PETER, NAN LIN (ed.). Social Structure and Network Analysis [M]. Beverly Hills, CA: Sage, 1982.

150. MCCRAE R R, COSTA P T. Validation of the Five-Factor Model of Personality Across Instruments and Observers [J]. Journal of Personality and Social Psychology, 1987 (52): 81-90.

151. MEYER J P, ALLEN N J. Commitment in the Workplace Theory: Research and Application Thousand Oaks [M]. Beverly Hills, CA: Sage Publications Inc., 1997.

152. MICHEL F. Personal Initiative at Work: Differences Between East and West Germany [J]. Academy of Management Journal, 1996 (39): 37-63.

153. MOORMAN R H. Relationship Between Organizational Justice and Organizational Citizenship Behaviors: Do Fairness Perceptions Influence Employee Citizenship? [J]. Journal of Applied Psychology, 1991 (76): 845-855.

154. MOORMAN R H. The Influence of Cognitive and Affective Based Job Satisfaction Measures on the Relationship Between Satisfaction and Organizational Citizenship Behavior [J]. Human Performance, 1993a (46): 759-776.

155. NAHAPIET J, GHOSHAL S. Social Capital, Intellectual Capital, and the Organizational Advantage [J]. Academy of Management

Review, 1998, 23 (2): 242-266, 377-401.

156. NAN LIN. Social Capital: A Theory of Social Structure and Action [M]. Cambridge, MA: Cambridge University Press, 2001.

157. NELSON D L, QUICK J. Organizational Behavior: Foundations, Realities, and Challenges [M]. Australia: Southwestern Collge Publishing, 1999.

158. NEUMAN G A, KICHU J R. Organizational Citizenship Behavior: Achievement Orientation and Personality [J]. Jouranl of Business and Psychology, 1998 (13): 269-279.

159. ORGAN D W. Organizational Citizenship Behavior: The good Soldier Syndrome [M]. MA: Lexington Books, 1988a.

160. ORGAN D W, KONOVSKY M A. Cognitive Versus Affective Determinants of Organizational Citizenship Behavior [J]. Journal of Applied Psychology, 1989 (74): 157-164.

161. ORGAN D W. Organizational Citizenship Behavior: The Good Syndrome [M]. MA: Lexington Books, 1998.

162. ORGAN D W. The Motivational Basis of Organizational Citizenship Behavior [J]. Research in Organizational Behavior, 1990 (12): 43-72.

163. ORGAN D W, RYAN K. A Meta-analytic Review of Attitudinal and Dispositional Predictors of Organizational Citizenship Behavior [J]. Personnel Psychology, 1995, 48 (4): 775-802.

164. PEARCE C L, HERBIK P A. Level of Measurement and Analysis Issues in Organizational Citizenship Behavior Research [J]. Journal of Occupational and Organizational Psychology, 2003, 76 (2): 283-301.

165. PFEFFER J. Power in Organizations [M]. Marchfield: Pit-

man Publishing, 1986.

166. PFEFFER, SALANCIK G R. The External Control of Organization [M]. New York: Harper and Row, 1978.

167. PIERRE BOURDIEU, LOIC WACQUANT. Invitation to Reflexive Sociology [M]. Chicago: University of Chicago Press, 1992.

168. PODSAKOFF P M, AHEARNE M, MACKENZIE S B. Organizational Citizenship Behavior and the Quantity and Quality of Work Group Performance [J]. Journal of Applied Psychology, 1998 (2): 262 -270.

169. PODSAKOFF P M, MACKENZIE S B, PAINE J B, BACHRACH D G. Organizational Citizenship Behaviors: A Critical Review of the Theoretical and Empirical Literature and Suggestions for Future Research [J]. Journal of Management, 2000 (26): 513 -621.

170. PODSAKOFF P M, MACKENZIE S B, MOORMAN R H, FETTER R. Transformational Leader Behaviors and Their Effects of Follower's Trust In Leader, Satisfaction, and Organizational Citizenship Behavior [J]. Leadership Quarterly, 1990 (1): 107 -142.

171. PODSAKOFF P M, MACKENZIE S B, HUI C. Organizational Citizenship Behavior and Managerial Evaluationsof Employee Performance: A Review and Suggestions for Furture Research [J] //G R FRERRIS (ed.). Research in Personnel and Human Resource Management, 1993 (11): 1 -40.

172. PODSAKOFF P M, MACKENZIE S B. Impact of Organizational Citizenship Behavior On Organiztional Performance: A Review and Suggestions for Future Research [J]. Human Performance, 1997, 10 (2): 133 -151.

173. PODSAKOFF P M, MACKENZIE S B, BOMMER W H. A Me-

ta-analysis of the Relationships Between Kerr and Jermier's Substitutes for Leadership and Employee Job Attitudes, Role Perceptions, and Performance [J]. Journal of Applied Psychology, 1996 (81): 380-399.

174. PORTS A, SENSENBRENNER J. Embeddedness and Immigration: Notes on the Social Determinants of Economic Action [J]. American Journal of Sociology, 1993.

175. RICE GEORGE H JR.. A Set of Organizational Models [J]. Human Resource Management, 1980, 19 (2): 19-22.

176. RIOUX S M, PENNER L A. The Causes of Organizational Citizenship Behavior: A Motivational Analysis [J]. Journal of Applied Psychology, 2001, 86 (6): 1306-1314.

177. RONALD S BURT. Social Capital in the Creation of Human Capital [J]. American Journal of Sociology, 1992, 94 (Supplement): 95-120.

178. SCHEIN E H. Does Japanese Management Style Have a Message for American Manager? [J]. Sloan Management Review, 1982, 23 (1): 55-68.

179. SCHWARTZ S H, BILSKY W. Toward An Universal Psychological Structure of Human Values [J]. Journal of Personality and Social Psychology, 1987 (53): 550-562.

180. SCOTT JOHN. Social Network Analysis: A Handbook [M]. New Bury Park, CA: Sage Publications, 1991.

181. SHORE L M, WAYNE S J. Commitment and Employee Behavior: Comparison of Affective Commitment and Continuance Commitment with Perceived Organizational Support [J]. Journal of Applied Psychology, 1993 (78): 774-780.

182. SMITH C A, ORGAN D W, NEAR J P. Organizational Citizen-

ship Behavior: Its Nature and Antecedents [J]. Journal of Applied Psychology, 1983 (68): 655-663.

183. WILLIAMS L J, ANDERSON S E. Job Satisfaction and Organizational Commitment As Predictors of Organizational Citizenship and In-Role Behaviors [J]. Journal of Management, 1991 (17): 601-617.

184. SPARROW R T, LIDEN R C, WAYNE S J, KRAIMER M L. Social Networks and the Performance of Individuals and Groups [J]. Academy of Management Journal, 2001, 44 (2): 316-325.

185. SUN S B. Predicting Job Satisfaction and Organizational Citizenship Behavior with Individualism-Collectivism in P. R. China and the United States [J]. The Sciences and Engineering, South Florida, 2001.

186. THOMAS S BATEMAN, DENNIS W ORGAN. Job Satisfaction and the Good Soldier: The Relationship Between Affect and Employee Citizenship [J]. Academy of Management Journal, 1983, 26 (4): 1587-1595.

187. TICHY N M, TUSHMAN M, FOMBRUM C. Social Network Analysis in Organizational Settings [J]. Academy of Management Review, 1979 (4): 507-519.

188. UEHARA EDWINA. Dual Exchange Theory, Social Network, and Informal Social Support [J]. American Journal of Sociology, 1990 (96): 521-557.

189. VAN DYNE L, ANG S. Organizational Citizenship Behavior of Contingent Workers in Singapore [J]. Academy of Management Journal, 1998 (41): 692-703.

190. VAN DYNE L, CUMMINGS L L, PARKS J M. Extra-role Behaviors: In Pursuit of Construct and Definitional Clarity — A Bridge

Over Muddied Waters [M] //L L CUMMINGS, B M STAW (ed.). Research in Organizational Behavior. Greenwich: Greenwich, 1995: 215-285.

191. VAN DYNE L, GRAHAM J W, DIENESCH R M. Organizational Citizenship Behavior: Construct Redefinition, Measurement, and Validantion [J]. Academy of Management Journal, 1994, 37 (4): 765-802.

192. WAGENER S L, RUSH M C. Altruistic Organizational Citizenship Behavior: Context, Disposition, and Age [J]. Journal of Social Psychology, 2000, 140 (3): 379-392.

193. WANG H, LAW K S, HACKETT R D, et al.. Leader - Member Exchange As A Mediator of the Relationship Between Transformational Leadership and Followers' Performance and Organizational Citizenship Behavior [J]. Academy of Management Journal, 2005, 48 (3): 420-432.

194. WASSERMAN S, FAUST K. Social Network Analysis: Methods and Applications [M]. Cambridge, England: Cambridge University Press, 1994.

195. WATZ S M. Organizational Citizenship Behaviors and Their Effect on Organizational Effectiveness in Limited - menu Restaurants [R] //Academy of Management, Best Papers Proceedings, 1996.

196. WELLMAN B. Social Structure: A Network Approach [M]. New York: Cambridge University Press, 1988.

197. WERNER J M. Implications of OCB and Contextual Performance for Human Resource Management [J]. Human Resource Management Review, 2000 (10): 3-24.

198. FARH J L, ZHONG C B, ORGAN D W. Organizational Citizenship Behavior in the People's Republic of China: Best Paper Proceed-

ings of the Annual National Meeting of Academy of Management [C]. Toronto: 2000.

199. WHITE, HARRISON. Varieties of Markets [M] //WELLMAN, BERKOWITZ (ed.). Social Structures: A Network Approach. Cambridge: Cambridge University Press, 1998.

200. WILLIAMS L J, ANDERSON S E. Job Satisfaction and Organizational Commitment As Predictors of Organizational Citizenship and In-Role Behaviors [J]. Journal of Management, 1991 (17): 601-617.

201. WONG Y T, NGO H Y, WONG C S. Antecedents and Outcomes of Employees' Trust in Chinese Joint Ventures [J]. Asia Pacific Journal of Management, 2003, 20 (4): 481.

附　录

问卷编号：
研究主题：组织内员工社会中心网对组织公民行为影响研究

尊敬的女士/先生：

您好！我是西南财经大学的一名博士生，正在开展一项学术研究，想请教各位有关企业组织内部员工社会中心网对组织公民行为影响的有关问题。

首先对于您支持调查研究表示感谢！此项研究是纯粹的学术科研，无意刺探个人隐私和企业内部情报，请您放心填写。我们会对您提供的所有信息"绝对保密"，并保证信息仅用于学术研究。如果您对此项研究的结论有兴趣，请您在问卷末留下您的邮箱地址，我会给您发送研究报告的电子版，供您参考。

下列问题没有对与错之分，但是资料的完整性与真实性对研究结果有非常大的影响。因此，拜托您仔细阅读每一道题，依您个人的看法和感觉填答即可。

最后，再一次致以衷心的谢意！

第一部分：组织公民行为

请您仔细阅读每一个题项，并按照题项描述的意思，在空格内画√：

1 代表非常不同意，2 代表不同意，3 代表说不清楚，4 代表同意，5 代表非常同意

编号	测量题项	1	2	3	4	5
A1	积极参加各类培训学习，甚至在下班后自费进修					
A2	利用业余时间学习，提高工作能力					
A3	努力充实自己以提高工作品质					
B4	当同事工作负荷过重时，自愿提供协助					
B5	帮助新进同事适应工作环境					
B6	乐于帮助同事解决工作上的问题					
C7	协助同事解决生活中的实际困难					
C8	同事家庭有困难时，会主动去安慰和资助					
C9	协助解决同事之间的误会和纠纷，以维护人际和谐					
D10	主动提出改善工作的建议					
D11	主动提出对企业发展有利的合理化建议					
D12	主动向外界介绍或宣传企业的优点					
D13	义务宣传和介绍企业产品					

第二部分 组织认同感

编号	测量题项	1	2	3	4	5
E21	当有人批评组织时，我会觉得好像我自己被批评了					
E22	我对别人关于组织的看法很在意					

续表

编号	测量题项	1	2	3	4	5
E23	谈论组织时,我经常用"我们"而非"他们"					
E24	组织的成功就是我的成功					
E25	当有人称赞组织时,我会觉得好像我自己被赞美了					
E26	当媒体批评组织时,我会感到难堪					

第三部分 社会网络

在表格中填入您的联系人,并判断他们之间是否有联系,如果有联系则在方格内填"1",没有联系填"0"。如图所示,小王和老赵有联系,则在第二行第二列填"1",小王和老张没有联系,则在第三行第二列中填"0";同理,老赵与老张没有联系,则在第三行第三列填"0",以此类推,即首先填写联系人名字(写上姓氏或者代号代替他们也可以)。请将名字填写在第＿＿＿人后,答案请列在表格中。请见图例1 所示。

注:此处尚需填写

图例1(注:此处仅为例子,请将您的答案填写到表格1中)

	第一人:	小王
1	第二人:	老赵
1	0	第三人: 老张
1	1	0	第四人: 老刘

注意:此处只列举了四个联系人,若您的联系人超过四个或更多,请您将他们的关系全部填写到表格1中,谢谢!

第一题　在过去半年时间里，您与哪些同事讨论过与工作相关的问题（至少列举 3 个，尽可能多列举）？

表格一

第一人：＿＿＿＿
第二人：＿＿＿＿
第三人：＿＿＿＿
第四人：＿＿＿＿
第五人：＿＿＿＿
第六人：＿＿＿＿
第七人：＿＿＿＿
第八人：＿＿＿＿

第二题：在企业内，哪些同事是您的朋友，你们之间的关系如何（至少列举 3 个，尽可能多列举）？

表格二

第一人：＿＿＿＿
第二人：＿＿＿＿
第三人：＿＿＿＿
第四人：＿＿＿＿
第五人：＿＿＿＿
第六人：＿＿＿＿
第七人：＿＿＿＿

第四部分 个人基本资料

请在适合您个人情况的选项前打钩：

G27．您的性别：1（）男　　0（）女

G28．您的年龄是：

1（　）25岁以下　　2（　）26～30岁　　3（　）31～35岁

4（　）36～40岁　　5（　）40～45岁　　6（　）46～50岁

G29．您的学历：

1（　）高中及以下　　2（　）大专　　3（　）本科

4（　）硕士及以上

G30．您的婚姻状况：

1（　）未婚　　0（　）已婚

G31．您是：

1（　）普通员工　　2（　）部门主管　　3（　）高层管理者

G32．您所在的单位是：

1（　）金融　　2（　）研究机构　　3（　）电子商务

4（　）传媒　　5（　）零售　　　　6（　）其他

G33．您在本单位服务年限已经有：

1（　）3年以下　　2（　）3～5年　　3（　）6～10年

4（　）11～15年　　5（　）15年以上

问卷到此结束，非常感谢您的支持！

后 记

九月的蓉城，到处都呈现出收获的色彩。此时，我终于可以在相伴了两年多的博士论文上画上句号。在这两年多的时间里，经历了甚多的不易和艰辛，承载了老师、朋友和亲人太多的期望，但由于自己的愚钝，虽然有了结果，却并不令人满意。每每想到此，我心中没有些许的宽慰和激动，只有忐忑不安、诚惶诚恐。

在论文写作过程中，脑海里总会浮现专家们的追问、质问甚至逼问的场景，总是担心会出现由于自身学习不足而无法回答的窘态，常有如履薄冰、如临深渊之惧，尽管还是期望着这一时刻的到来。重压也许是一份进取的生活动力，才有"生命不能承受之轻"的说法。如今这种想法也许算是一种压力和激励，促使自己在科学探索的道路上，老老实实学习，不来半点虚假，勤于学习和思考，也希望自己能够走进一片光明。也因此，我在即将结束论文写作的时候，没有半点收获的喜悦，反而给自己更多的期望：这或许将是我另一种生命的新生。

在这负重的征途上，来自老师、朋友和家人的帮助和关爱，我将永远铭记在心。首先感谢导师张宁俊教授。在攻读博士学位的几年里，她将我领进科学研究的大门，让我看到一个更加广阔而又新鲜的世界。在这个世界里，我找到了自己的兴趣，找到了值得自己未来执着追求的梦想。张老师认真、耐心地指导，给我树立了严谨、求真的榜样，使我逐步在科学的道路上找到真知。张老师在繁重的工作之余，无数次帮我整理思路、查找资料，她那渊博的知识和敬业精神，给我以更多的启迪和鞭策，使我没有理由停歇或者放弃。师恩永远难忘！在这里还要感谢张剑渝教授、李永强教授、谢庆红教授、黄雅虹教授和付晓蓉副教授，以及企业管理系的罗珉教授、冯俭教授，他们不仅在学术上给予我无私的帮助，无私地惠予我他们的研究心得和成果，更给我完成论文的勇气和信心。尤其是李永强教授，对我手把手地指导，不厌其烦，悉心示范，他的鼓励和帮助不是用一声"谢谢"就能表达我的感激之情。没有他们的帮助，我要完成论文，还不知道要走多少弯路。另外，还要感谢杜青龙博士，以及与我笔砚相亲的任迎伟、游峻、明海峰、胡建军、谭道伦、吴昊等各位同学和兄弟姐妹，他们在研究上不辞辛苦地为我采集数据、修改论文，在生活上毫不吝惜对我的关心。没有他们，我的学习生活将会失去很多的乐趣。最后还要感谢工商管理学院杨丹执行院长、冯力书记和其他学院的领导以及办公室各位同事，只有他们在工作上为我分担、给予体谅，才使我有更多的时间去学习和思考。

最后要感谢我的家人：我的妻子和两岁多的儿子，我的父母。儿子给予我很多的快乐和轻松。家人多年来承担了一切家务，处处以我为念，对我宽容体谅；为了让我安心学习，他们包揽了包括照看小孩的所有事情，我深感愧疚。这种亲情将永远铭记我心，我只能以不懈努力和坚韧追求报答他们。

如果我所取得的一点点进步也算是一种荣耀的话，这荣耀当归于所有帮助我的人。

张斌

2013 年春